AF389679

GUSTAVE DORÉ

INCLARUS
BERNARD
IMPRIMEUR
5, RVE DE LA FIDELITE
PARIS

RENÉ DELORME

GUSTAVE DORÉ

PEINTRE, SCULPTEUR, DESSINATEUR

ET

GRAVEUR

Photographies GOUPIL et Cie

LIBRAIRIE D'ART

Ludovic BASCHET, Éditeur, 126, Boulevard Magenta, Paris

MDCCCLXXIX

Gustave DORÉ

L se trouve des optimistes pour affirmer que l'art contemporain présente un noble et beau spectacle, que les artistes font de louables efforts, que l'École moderne accomplit de grandes choses. J'estime, au contraire, que l'art est fort triste, que les efforts sont mesquins, que les producteurs puissants, passionnés, géniaux, font défaut dans notre siècle. Comme l'industrie, l'art s'est avili par la division du travail, par la spécialisation poussée à l'excès. L'ouvrier qui fabrique des têtes d'épingles ne file pas le laiton et celui qui étire le métal est distinct de celui qui l'argente et de celui qui l'époínte. Il faut quatre artisans pour faire une épingle. Voilà pour l'industrie. Il en est de même pour l'art et la littérature. Émile Zola décrit les blanchisseuses, et Ferdinand Fabre, les élèves des séminaires. Jamais la propriété des idées n'a été plus morcelée; jamais la récolte de chacun, si petite. Il semble qu'on ait coupé par des barrières l'immense champ où les maîtres moissonnaient à pleine faucille. Le domaine de l'art est partagé maintenant en petits bosquets, comme le jardin des Invalides, où chacun a son carré et son pot de fleurs. Les peintres se sont divisés et subdivisés à l'infini. Tel artiste ne peint plus que des Alsaciens; tel autre, que des Italiennes. L'un s'est créé une spécialité éclatante en ne faisant que des panneaux de quelques millimètres carrés. Il en est qui se rendent célèbres en ne produisant que tous les trois ans. Leurs toiles sont rares; on le sait, et on se les arrache, sans penser que l'on donne ainsi une prime à l'impuissance. Il en est enfin qui érigent en principes absolus le dédain de l'idée, le mépris de la composition, l'absence de sujet. La fécondité, l'imagination, la force, ces qualités souveraines, sont devenues des défauts. Aujourd'hui, remuer beaucoup d'idées est une faute, aborder de grandes œuvres dans des genres divers est mal vu. Cela fait songer involontairement à ce royaume légendaire des Bossus où les hommes droits étaient regardés comme des êtres disgraciés par la nature.

Combien les choses étaient différentes aux grandes époques artistiques, quand Raphaël, mourant à trente-sept ans, laissait une œuvre si considérable, quand Rubens brossait en quelques jours ses plus belles toiles, quand Michel-Ange s'honorait d'être à la fois sculpteur, peintre, architecte, général et poète!

Dans la décadence actuelle, un homme surnage. Trop fier et trop fort pour se courber sous le joug d'une mode, celui-là proteste contre l'internement de l'artiste dans une spécialité. Il pense et il produit. Il croit que l'art est libre et son domaine sans limites. Il aborde de front la fantaisie et la réalité, l'histoire et l'anecdote, le paysage et le genre. Pour exprimer ses idées, pour traduire ses sentiments, il emploie tour à tour le crayon, le pinceau, l'ébauchoir, le burin. Au service d'une imagination géniale il met tous les procédés et toutes les formes d'exécution. Tout ce qu'il fait, tableau, sculpture, dessin, eau-forte, porte sa marque, une marque originale et personnelle. Cet artiste de grande race qui reste encore debout dans un siècle d'effacement général, cet homme qui ne s'est affilié à aucune coterie, à aucune petite Église, ce vaillant qui poursuit sa route noblement et consciencieusement, c'est Gustave Doré.

Peu de personnalités sont aussi célèbres que la sienne, et pourtant je ne crois point avancer un paradoxe en affirmant que Gustave Doré n'est pas entièrement connu du public. Il y a en lui des ressources, des espérances, des forces que l'on ignore.

Dans cette étude sincère, je m'efforcerai de montrer l'artiste tel qu'il est.

Je commencerai, *ab ovo*, par l'histoire de sa vie. Écrire la vie d'un artiste, c'est raconter la genèse de son talent.

I

L'ÉCOLIER-ARTISTE

Gustave Doré est né à Strasbourg, le 6 janvier 1833. Quelques années après sa naissance, son père, qui était ingénieur des ponts et chaussées, fut envoyé à Bourg. L'enfance de Doré eut ainsi deux grandioses spectacles : les Vosges et les Alpes. C'est de là sans doute que date la prédilection du peintre pour les paysages de montagnes, pour les sites rocheux et accidentés.

Je ne sais pas quand il apprit à dessiner. Lui-même l'ignore. Ce dont je suis sûr, par exemple, c'est qu'à onze ans, il composa deux lithographies fort amusantes, qui furent tirées chez Ceyzériat, à Bourg. L'une avait été faite à la suite de l'inauguration de la statue de Bichat et dénotait beaucoup de facilité et d'humour. L'autre représentait la Martinoire, c'est-à-dire la grande glissade que les gamins de la ville organisent l'hiver sur la pente de la place du Bastion.

Le petit prodige entra au lycée de Bourg, précédé par sa réputation de dessinateur. Ses maîtres eurent le bon esprit de ne pas contrarier sa vocation. On le laissa dessiner sur ses cahiers, noircir des bonshommes sur ses corrigés et illustrer les marges de la grammaire de Lhomond. Une fois même, dans une composition en version, Doré remit au professeur, en guise de traduction, un dessin qui représentait, avec la plus rigoureuse exactitude, le meurtre de Clitus. Tandis que les solécismes abondaient dans les copies de ses petits camarades, Doré avait seul compris et rendu avec exactitude la scène

LA MER

Composition pour *The ancient Mariner* de Coleridge

Cliché Goupil et Cie.

Phot. et Imp. Goupil et Cie.

L'ÉNIGME

contée par l'historien. Le professeur, M. Grandmottet — les hommes d'esprit ne sont pas rares dans l'Université — n'hésita pas à donner la place de premier à Gustave Doré.

Pour encourager l'enfant à bien travailler, son père lui avait promis de le conduire à Paris, s'il obtenait des prix à la fin de sa quatrième. Doré eut ses couronnes et partit, emportant dans sa malle plusieurs albums. A peine descendu à l'hôtel, il s'esquiva et courut se présenter tout seul chez Philippon, directeur du *Journal pour rire*, dont les bureaux étaient situés place de la Bourse.

Qu'on juge de la surprise de Philippon, quand ce petit collégien lui montra une série étourdissante de dessins, parmi lesquels se trouvait une suite sur les travaux d'Hercule.

— Qui est-ce qui a fait cela?

— C'est moi, Monsieur.

Très-intrigué, le directeur fit causer l'enfant, qui lui raconta comment il avait vu un numéro du *Journal pour rire*, à Bourg, comment il s'était sauvé de l'hôtel pour venir se présenter. Il lui confia de

HERCULE CHEZ AUGIAS

plus son vif désir de rester à Paris pour étudier le dessin et devenir artiste, et la crainte qu'il avait d'être emmené à Bourg, parce que son père trouvait que l'éducation était trop coûteuse dans les lycées de Paris. C'était un excellent homme, que Philippon; il écouta attentivement le petit collégien et lui dit en le reconduisant :

— Laissez-moi vos dessins. Retournez près de vos parents, qui doivent être inquiets; et priez votre père de venir me voir. Je crois que tout ce que vous désirez pourra se réaliser.

Une heure après, Philippon déclarait au père de Doré que la vocation de l'enfant lui paraissait vraiment extraordinaire, qu'il fallait absolument que le petit artiste ne s'éloignât plus du Musée du Louvre; que, pour tout concilier, il allait publier *les Travaux d'Hercule*, et que le prix de ces dessins et de ceux que Gustave Doré pourrait faire suffirait amplement à payer sa pension au lycée Charlemagne.

Doré resta donc à Paris, sous la surveillance d'une amie de sa mère, Mme Hérouville, qui demeurait rue Saint-Paul, à deux pas du collège.

Ses nouveaux professeurs furent aussi faciles que ceux de Bourg. Quand M. Girard, qui enseignait alors l'histoire, avait exposé à ses élèves le caractère et les traits saillants d'un empereur romain, il terminait généralement sa leçon en disant :

— Doré, passez au tableau, et faites un portrait de Néron, pour que ces messieurs comprennent bien ce que je viens de dire.

M. Berger, cet homme d'esprit, dont la taille avait pris une ampleur si phénoménale, qu'on disait de lui : « C'est l'homme le plus gros et le plus fin de France, » fut également un des maîtres de Gustave Doré, qui continuait à faire ses versions au crayon.

— Chacun a sa manière, lui disait le maître. C'est comme cela que vous traduisez le grec, allez. Je respecte votre idiome, qui n'est pas le mien.

Et, le prenant à part, il ajoutait en souriant.

—. Tant que je ferai ma classe, il ne sera jamais question de Vitellius, parce que vous feriez mon portrait, et que j'ai conservé un reste de fatuité.

II

LES DÉBUTS DU DESSINATEUR

On le voit, peu d'artistes ont accusé d'aussi bonne heure et avec autant de netteté leur vocation et leur talent. Mais, jusqu'alors, Gustave Doré, obéissant à son imagination d'écolier, n'avait guère fait que des croquis amusants pour le *Journal pour rire* ou des scènes d'histoire pour ses professeurs. L'année où il quitta le lycée et où il commença à peindre allait lui mettre sous les yeux l'histoire réelle et sanglante.

Les journées de Juin 1848 éclatent, et l'artiste assiste, de la rue Saint-Paul, à l'insurrection du faubourg Saint-Antoine. Ce qui l'attire vers ce spectacle du peuple soulevé, des barricades improvisées, des fusillades et des massacres, ce n'est pas la politique, dont il se soucie peu, c'est la vue des groupes d'hommes, animés par la passion, le jeu des muscles, le fourmillement étrange et puissant du faubourg. Pendant qu'on se bat, il étudie, il dessine, il acquiert, d'après nature, cette science, cet art merveilleux du groupement, qu'il est le seul à posséder aussi complétement.

De 1848 à 1852, Gustave Doré étudia courageusement la peinture.

En 1853 ou en 1854, il exposa pour la première fois deux tableaux : *la Famille de saltimbanques* et *l'Enfant rose et l'enfant chétif*. Le premier était d'une composition pittoresque. Le second avait pour sujet la rencontre de deux mères dont l'une promenait, triomphante, un bébé aux joues rondes et fraîches, tandis que l'autre portait dans ses bras un pauvre enfant malingre et débile. Quel regard la seconde mère jetait à la première !

En dépit de sa volonté, le jeune peintre était sans cesse détourné du chevalet par des commandes de dessins. Le directeur du *Journal pour tous*, le directeur du *Journal pour rire*, le directeur du *Musée français-anglais* assiégeaient sa porte. Auguste Bry venait le prier d'illustrer ses romans à deux sous. Tout en cédant à ces sollicitations, Gustave Doré n'abandonnait pas pour cela la palette. Il faisait deux parts de son temps : l'une était donnée au dessin, l'autre restait consacrée à la peinture.

C'est de cette période que date l'illustration de *Rabelais*, des *Contes drôlatiques* et des *Légendes populaires*, trinité d'œuvres admirables enfantée par un artiste de vingt-deux ans.

Rabelais, avant Gustave Doré, n'avait jamais trouvé de dessinateur à sa taille. Ne se fait pas qui veut le traducteur au crayon

Du docte et gentil Rabelais;

n'a pas qui veut la belle humeur endiablée du curé de Meudon. Ne sait pas qui veut « fleurer, sentir & estimer ces beaulx livres de haulte graisse, légers au pourchas & hardis à la rencontre ». Ne parvient pas qui veut à « rompre l'os & sugcer la subftantifique mouelle ». Il faut, pour pénétrer un génie comme celui du chantre de la dive bouteille, pour toucher à son œuvre sans l'amoindrir, pour la relever même par des images, avoir une étincelle du même feu, un génie de même origine. Gustave

SCÈNE DU DANTE

LA PAIX

Doré, dans ses dessins, a fait preuve d'un va-de-bon-cœur, d'une fantaisie effrénée, d'une originalité qui égalent l'entrain, la verve, le pittoresque des récits de M⁰ Alcofribas.

Il a créé de toutes pièces un décor moyen-âge d'un effet irrésistible : vieux châteaux bardés de

tourelles, cerclés de mâchicoulis, coiffés de poivrières, chinés de poternes ; ponts surchargés de maisons revêtues d'ardoises ; basiliques aux porches géants abritant toute une population de marbre ; rues étroites, assombries, surplombées par des milliers d'enseignes en fer forgé ; petites places dégringolant dans la ville basse par des myriades de marches usées ; bois égayés par des potences ; repaires terrifiants de sorcières ; monastères suintant la graisse. Dans ce milieu fantaisiste passent et repassent tous les personnages du livre : Gargantua « plorant comme une vache » sa chère Badebec, Pantagruel, étudiant, chevalier, philosophe, vrai prince de la bohème; et Panurge, Epistémon, Rominagrobis, frère Jean des Entommeures, Bridoye, Triboulet, messire Oudart. Inépuisable défilé de types si bien caractérisés par l'artiste, qu'il nous est impossible de nous les figurer maintenant autrement qu'il nous les a montrés. On a dit souvent, avec raison, que tant qu'une idée n'avait pas trouvé sa forme d'expression parfaite, elle appartenait au plus digne de la rendre. La traduction de *Rabelais* par le crayon appartient exclusivement à Doré, qui en a fait une œuvre éternelle.

Gustave Doré avait composé son illustration de *Rabelais* sans qu'elle lui fût commandée. Il avait obéi à un désir d'artiste, amoureux de son art. On le croira à peine aujourd'hui, il eut toutes les peines du monde à faire agréer cette suite de dessins à un éditeur. La fantaisie semée à pleines mains dans ces pages effarouchait tout le monde. Notre esprit, tant soit peu routinier, s'effare devant ce qui est nouveau. C'est ce qui fait que nos plus grands artistes ont été si mal accueillis à leurs débuts. Delacroix a été hué. Hugo a été sifflé. *Rabelais* a failli rester dans les cartons de Gustave Doré.

Heureusement un écrivain très distingué, M. Paul Lacroix, avait vu les dessins en question. Il alla trouver M. Auguste Bry et les lui présenta.

— Que voulez-vous que je fasse de ces aberrations d'enfant? s'écria l'éditeur.

— C'est un chef-d'œuvre, riposta M. Paul Lacroix.

Comme l'éditeur avait de grandes obligations à l'écrivain, il céda, plutôt par déférence pour l'intermédiaire que par conviction.

Le livre parut; mais dans quelles conditions! J'ai sous les yeux la première édition, imprimée sur papier à chandelles avec des têtes de clous. Les planches sont tirées à la diable. On en déchiffre une sur dix.

Malgré cela, le succès de l'ouvrage fut colossal et sauva de la faillite l'éditeur récalcitrant.

Ce que j'ai dit à propos des illustrations de *Gargantua* et de *Pantagruel*, je devrais le répéter à propos des dessins qui ont enrichi les *Contes Drôlatiques* de Balzac. L'inspiration est du reste la même. Les contes de notre plus grand romancier ne sont qu'une suite de *Gargantua* et de *Pantagruel*. Le même élan a entraîné Gustave Doré à crayonner en marge de la *Belle Imperia* des pages impérissables.

Le *Juif Errant* est un événement dans la vie de l'artiste; il inaugure une manière plus large, un dessin dont les tonalités trahissent une main de peintre. Voici les premières grandes compositions en noir et blanc. Voici d'étonnantes interprétations de la nature : des cimes, des vallées, des océans, tout un monde embrassé d'un coup d'œil d'aigle. Le Juif Errant passe, comme un brin de plume entraîné par un irrésistible ouragan, dans ces déserts et dans ces villes. Ses pieds légendaires se baignent dans la rosée claire des champs et dans la rosée sanglante des batailles. Du même coup, Gustave Doré s'est élevé à la hauteur des plus hautes conceptions poétiques. Il prend possession du domaine de la légende, et il y règne en maître absolu.

Hachette et Cⁱᵉ.

DANS LA MONTAGNE

LA GUERRE

III

LES DÉBUTS DU PEINTRE

Sur ces entrefaites arriva l'Exposition universelle de 1855.

Gustave Doré y fut représenté par trois tableaux : La *Bataille de l'Alma, le Soir, la Prairie*. Il aurait bien voulu en montrer un quatrième, *Riccio*, mais la place manquait. On sait, du reste, qu'il n'y a jamais de place dans les expositions universelles que pour les œuvres des membres du jury. « *Riccio*, écrivait

alors Edmond About, devait avoir un grand succès. Je n'en doute pas et notre ami Théophile Gautier n'en doute pas non plus. »

Quoi qu'il en soit, écoutons un peu les jugements qui saluèrent les trois tableaux du peintre de vingt-deux ans. A tout seigneur, tout honneur. Théophile Gautier doit être cité le premier :

« M. Gustave Doré, dans sa *Bataille de l'Alma*, s'est éloigné des dispositions habituelles; il a fait une bataille de soldats : les zouaves escaladent les pentes rapides de la montagne avec une impétuosité tumultueuse, culbutant les Russes surpris. Le mouvement ascensionnel de la vaillante cohorte est très bien rendu; on dirait un torrent qui rebrousse vers sa source. Les épisodes disparaissent dans le tourbillon, et l'œil ne saisit aucun détail. L'exécution, beaucoup trop rapide, dépasse en fougue les esquisses les plus fiévreuses, et l'on croirait, à certains tons boueux, que l'artiste n'a pas même pris le temps d'essuyer son pinceau. Pourtant ce n'est pas une chose médiocre que la *Bataille de l'Alma*; il y a là vie, force et volonté. M. Gustave Doré possède une des plus merveilleuses organisations d'artiste que nous connaissions... Ses illustrations de *Rabelais*, des *Contes drôlatiques*, et des *Légendes populaires* sont des chefs-d'œuvre où le réalisme le plus puissant se mêle au caprice le plus rare. Son atelier regorge de toiles immenses ébauchées avec une furie qui dépasse celle de Goya, puis laissées et reprises, où, dans un chaos de couleurs, étincellent des morceaux de premier ordre : une tête, un torse, un pourpoint, enlevés comme pourraient le faire Rubens, Tintoret ou Vélasquez... Dès à présent, à travers les vapeurs, brille un rayon de génie; oui, de génie, un mot dont nous ne sommes pas prodigue : il est bien entendu que nous parlons seulement de l'avenir du peintre. Le dessinateur a pris son rang. »

Ainsi, à la première exposition à laquelle le peintre prend part d'une manière sérieuse, il reçoit ce glorieux baptême de notre plus grand critique. Théophile Gautier prononce le mot : génie. Dix ans plus tard, en 1866, l'auteur des *Émaux et camées* écrivait dans le *Moniteur* : « Si éclatante que soit sa réputation, Gustave Doré n'a pas été apprécié à sa juste valeur. On aime en France les talents stériles et l'on se défie étrangement de la fécondité. »

Edmond About a publié, sur les tableaux de Gustave Doré exposés en 1855, une page pleine de verve et d'esprit à laquelle il a donné la forme épistolaire. Après avoir regretté l'absence de *Riccio*, il ajoute :

« Le peu qu'on a reçu prouve que vous savez peindre les paysages et les batailles, les zouaves et les fleurs des champs. Votre paysage de peupliers est d'un beau sentiment et d'un grand aspect ; mais il est juché si haut, qu'il faudrait deux échelles bout à bout pour en voir quelque chose. On vous a porté aux nues du premier coup, et votre mérite comme paysagiste n'est visible qu'au télescope. Votre bataille de *l'Alma* est une œuvre originale. Tous les peintres d'histoire installent au premier plan un général avec son état-major. La fumée, les soldats et la poussière s'agitent pêle-mêle dans le fond. Pour vous, vous avez eu l'idée originale et généreuse de faire une bataille de soldats. C'est dans le même esprit que M. Michelet a écrit l'Histoire de France, reléguant les princes au fond du tableau, et donnant la place d'honneur au héros véritable, le peuple. Vos chasseurs à pied et vos zouaves se battent avec une belle furie; vous étiez né pour retracer ces mêlées fougueuses, ces combats corps à corps et cette intempérance de courage : vous êtes vous-même un zouave de la peinture... Votre couleur est franche, vive, éclatante, et, ce qui n'est pas à dédaigner, elle est bien à vous. Vous n'imitez ni les Vénitiens, ni les Flamands, ni les Espagnols, aussi vous imitera-t-on bientôt. »

Les deux éminents critiques que je viens de citer ont vu juste. Gustave Doré, plus mûr, a vu ses qualités de peintre grandir et se poser. La fougue de la vingtième année a fait place à un entrain de meilleur aloi. Théophile Gautier ne retrouverait plus aujourd'hui dans les tableaux du maître ces tons boueux qu'il signalait en 1855. Si Edmond About s'occupait encore d'art, il pourrait dire que le peintre de l'*Ecce Homo* n'est l'imitateur de personne et que sa peinture, toujours franche, est bien à lui.

IV

L'ŒUVRE DESSINÉ

Après avoir signalé les débuts éclatants du peintre, je reviens aux travaux du dessinateur. Aussi bien, Gustave Doré, sollicité de tous les côtés, dut-il, sans abandonner complètement le chevalet, donner quelques années de sa vie à la production de ces belles gravures sur bois que nous admirons tous.

Parmi les grands éditeurs pour qui le jeune et célèbre dessinateur avait déjà travaillé se trouvait la maison Hachette. Gustave Doré avait commencé à illustrer des romans dans la splendide collection du

Roland furieux.

Hachette et Cie.

RETOUR A SÉNAPE

G. DORÉ

Cliché Goupil et Cie.

Phot. et Imp. Goupil et Cie.

LONDON BRIDGE

Journal pour Tous. Il avait notamment composé, spécialement pour ce recueil, une suite de gravures étourdissantes sur la donnée des *Émotions de Polydore Marasquin.* La critique d'art n'en a pas parlé, que je sache; il est vrai que la critique ne se doute pas qu'il puisse y avoir des chefs-d'œuvre dans les livrai-

Hachette et Cⁱᵉ.

LES TROIS FURIES
(Scène de l'*Enfer* du Dante)

sons à deux sous. « Comment croire, » disait ironiquement Théophile Gautier, « au mérite de ces œuvres multipliées qui viennent vous trouver chez vous, chaque matin, sous forme de journal ou de livraison, surtout lorsqu'elles sont vivantes, spirituelles, prises à même nos mœurs, pleines de feu, d'entrain et de jet, originales de pensée et d'exécution, ne devant rien à l'antique, exprimant nos amours, nos goûts, nos caprices, nos tics, les habits dont nous sommes vêtus, les types de grâce et de coquetterie qui nous plaisent, les milieux où nous passons notre vie ? »

A défaut de la critique, les chefs de la maison Hachette remarquèrent le talent de Gustave Doré, et ne voulurent point plus longtemps l'asservir à illustrer des romans modernes, quand il y avait dans les grandes œuvres de la littérature universelle tant de sujets plus dignes de son crayon.

— Vous illustrerez le Dante, lui dirent-ils.

Gustave Doré se mit à l'œuvre avec passion, et composa successivement soixante-seize dessins pour accompagner une luxueuse édition de *l'Enfer*, et soixante grandes pages pour *le Purgatoire et le Paradis*. Ce fut en 1861 que le livre parut.

Le 15 août de la même année, Gustave Doré était fait chevalier de la Légion d'honneur.

Il n'y eut qu'une voix pour applaudir à cette nomination. En interprétant les visions dantesques, en donnant un corps aux rêves du poète, le dessinateur s'était élevé si haut et d'une aile si puissante, qu'il avait conquis l'admiration et la sympathie de tous.

Deux ans après, en 1863, *Don Quichotte* fut publié également par la maison Hachette. Trois cent soixante-dix dessins accompagnaient et rehaussaient le texte de Cervantès. La gloire du vieux livre en fut rajeunie et l'enthousiasme fut tel pour le Roi du crayon qui prodiguait ainsi ses trésors, qu'on désigna l'ouvrage non plus par le nom de l'écrivain, mais par celui de l'artiste. On disait couramment et l'on dit encore, en parlant de cette édition : *Le Don Quichotte de Doré*.

Sur l'invitation des mêmes éditeurs, qui mettaient au service de son talent leur goût des beaux livres et les admirables moyens d'exécution dont ils disposent, Gustave Doré a fait encore quarante-quatre dessins pour l'*Atala*, de Chateaubriand; quatre-vingts grandes compositions et deux cent cinquante têtes de pages pour les *Fables de La Fontaine*, trois cents gravures sur *l'Espagne*, cent cinquante bois sur *Londres*, quarante compositions pour *la Chanson du vieux Marin*, de Coleridge, et trente-six dessins pour *les Idylles du Roi*, de Tennyson : *Enide, Viviane, Genièvre, Elaine*.

Chacune de ces œuvres mériterait une étude détaillée. Il serait intéressant de suivre Gustave Doré dans ses voyages en Espagne, s'éprenant de ce pays ensoleillé, rapportant sur ses carnets des croquis merveilleux, des projets de dessins et des esquisses de tableaux; puis, passant avec lui de Madrid à Londres, parcourir, comme il l'a fait, tous les quartiers de la ville, les plus étincelants et les plus sombres, le palais et le bouge, visiter le marché des poissonniers, jeter en passant un regard sur les ponts, où dorment les mendiantes en chapeaux à fleurs, saisir au vol tous les contrastes, s'emparer de tous les effets et, de retour à l'atelier, le voir édifier avec son crayon magique ces deux pays si opposés : toute l'Espagne et tout Londres.

Après les voyages réels, voici les voyages imaginaires. Gustave Doré part avec Coleridge dans les mers polaires, où l'albatros plane dans son vol immense. Ici sa fantaisie se donne libre carrière. Le poème anglais est plein d'horreur. Pour avoir tué l'oiseau saint, le Vieux Marin voit tous ses compagnons mourir à tour de rôle. Il reste sur le pont encombré de cadavres aux yeux fixes. Des visions épouvantables assaillent le seul survivant de l'équipage : mers phosphorescentes peuplées de monstres, abordage avec un navire monté par la Mort, confusion du ciel et des eaux; légende abominable et splendide.

Puis, le sujet change. C'est La Fontaine qui montre à l'artiste son petit monde spirituel et malin, ses rats de ville et ses rats des champs, sa cigale et sa fourmi.

Au sujet de cette dernière fable, Gustave Doré m'a conté qu'à l'époque où il préparait l'illustration de La Fontaine, il allait assez souvent chez Lamartine. Le chantre du lac n'aimait pas le Bonhomme. Il trouvait que sa morale n'avait rien de généreux.

— Le bel exemple à donner, s'écriait-il avec indignation, que celui de la Fourmi ! Ce n'est qu'une avare. Elle n'a pas de cœur. Elle ne sait pas ce que c'est que la charité. Elle ferme sa porte aux cigales

PURGATOIRE

L'ALSACE

quand la bise est venue. Et quand on l'implore d'une voix que le froid fait trembler, au lieu de donner
quelques grains à la mendiante, elle lui jette à la face un conseil insolent. La Fourmi n'est qu'une
sotte parvenue... Et la Cigale vaut mieux qu'elle.

Je n'ai parlé jusqu'ici que des œuvres publiées par la maison Hachette. Gustave Doré a encore
donné les *Contes de Perrault*, le *Voyage aux Pyrénées*, de M. Taine, les *Essais de Montaigne*, *la Bible*, travail
considérable et qui présente, en même temps qu'une haute interprétation des Écritures, un intérêt
archéologique capital, et enfin *les Croisades*, de Michaud, éditées par MM. Furne et Jouvet, en 1877.
Ce dernier livre est encore tout différent de ceux qui l'ont précédé. Dans les compositions qui l'accom-

ATALA

pagnent, Gustave Doré a châtié son style. Ce n'est plus une œuvre de fantaisie, c'est un ouvrage
d'histoire qu'il a composé. Son crayon s'est fait austère, sans rien perdre de sa force et de son effet.

Puisque je viens d'énumérer les lignes principales de son œuvre dessiné, je saisirai cette occasion
pour faire connaître une chose que l'on ignore généralement; c'est que, si les planches de Doré ont été
tirées à des milliers d'exemplaires, rien n'est plus rare aujourd'hui qu'un dessin original de cet artiste.
Il n'y en a peut-être pas quarante dans le monde entier.

A première vue, cela peut paraître extraordinaire; mais on se convaincra bien vite de la vérité de
ce que j'avance, quand on saura quel est le procédé employé pour la composition et le tirage de ces
grandes compositions.

Gustave Doré dessine directement sur des planches de buis très lisses. C'est sur le bois même et
non sur le papier qu'il campe ses personnages, qu'il distribue ses ombres et ses lumières, en un mot,
qu'il exécute son dessin original. Quand l'œuvre est considérée comme terminée, la planche de buis va
chez un graveur qui la taille, ménageant les blancs par des incises, et laissant les noirs s'accentuer par
le relief naturel du bois. Ainsi le travail original de Gustave Doré est anéanti par le travail du graveur.

Cela est regrettable à tous égards; car quelquefois l'artiste, au lieu d'être traduit, *tradutto,* a été trahi, *tradito,* comme disent les Italiens, par le burin d'un graveur inhabile. Cela est regrettable aussi parce que, si l'on en juge par le succès qui a accueilli les ouvrages imprimés portant la signature de Gustave Doré, ses dessins originaux seraient de précieux morceaux de collection.

Enfin, faute des œuvres de première main, on se jette avec raison sur les reproductions gravées. Il n'existe pas aujourd'hui un salon, ni une bibliothèque où l'on ne trouve, sinon toutes, au moins quelques-unes de ses merveilleuses illustrations. Aussitôt qu'un livre crayonné par lui est mis en vente, aussitôt on peut dire que l'édition est épuisée. Jamais succès ne fut plus complet, plus éclatant, plus constant, et, on doit le dire, plus mérité.

V

L'ŒUVRE PEINT

Mais c'est quelquefois une terrible chose que la réussite. J'ai conté déjà, dans une autre étude, comment le succès des *Contes du Lundi* et des *Lettres de mon Moulin* faillit être fatal à Alphonse Daudet. Le public l'avait proclamé ciseleur de bijoux, maître en l'art des petites choses, excellent dans les récits de quinze pages. Pour devenir romancier, il lui fallut remonter le courant de l'opinion, faire la sourde oreille aux conseils timorés de quelques-uns de ses amis, et produire cette œuvre victorieuse : *Fromont jeune et Risler aîné.*

Il en a été de même pour Gustave Doré. Le public, ébloui par les planches de *Don Quichotte,* de *Rabelais,* d'*Atala,* du *Juif Errant,* du *Dante,* avait sacré Gustave Doré le premier dessinateur de son temps. Des millions de personnes avaient cette opinion. Quand Doré se remit à exposer des tableaux, ce fut une surprise générale, presque un *tolle.* On ne comprenait pas cette chose simple : qu'un dessinateur prît un pinceau. Cela choquait l'idée qu'on s'était faite et à laquelle on tenait d'autant plus qu'elle était fausse. Aux critiques, aux calomnies, aux coups d'épingles quotidiens dirigés contre lui, Gustave Doré répondit par une série d'expositions magistrales. Coup sur coup, il composa *les Martyrs, le Néophyte, Gédéon choisissant ses soldats, le Dante aux Enfers, l'Entrée de Jésus à Jérusalem, Chez Caïphe, les Contrebandiers espagnols,* autant de pages excellentes que l'on a pu voir au Salon, et *la Sortie du prétoire, le Triomphe du christianisme, la Promenade de la Sainte-Croix dans le camp des croisés, la Vision de Calpurnie, femme de Pilate,* qui sont à Londres, dans la Doré-Gallery.

Victor Hugo, dans un de ses admirables livres, a écrit un chapitre intitulé : *Une tempête sous un crâne.* C'est aussi une tempête sous un crâne que Doré a peinte en exécutant son *Néophyte.* La composition de ce drame intime est d'une simplicité extrême. Deux rangées de stalles dans la chapelle d'un couvent de religieux ; des moines alignés et chantant un psaume ; deux lignes de silhouettes revêtues du même uniforme terne aboutissant, dans le rétrécissement de la perspective, à une petite baie illuminée par des vitraux de couleurs. Telle est la donnée matérielle, donnée dont la simplicité même entraînait mille difficultés d'exécution. Mettre en scène vingt-trois moines également vêtus, placés sur deux files parallèles, et réussir avec ces éléments à exécuter un tableau qui n'est ni raide, ni monotone, voilà ce que Doré a réalisé. Il y est arrivé en donnant un centre à son tableau, en plaçant dans la quatrième stalle du premier rang une figure sur laquelle tout l'intérêt et toute la lumière se concentrent. Le néophyte qui occupe cette place est jeune et beau. Je ne sais quel feu sombre brille dans ses yeux noirs et trahit le drame intime de son cœur. Comment est-il venu dans ce milieu, ce cavalier qui garde comme un parfum de son élégance d'hier, en dépit de la tonsure, en dépit de la robe de bure ? Quel roman d'amour, quel deuil de l'âme l'ont jeté dans ce tombeau des vivants qu'on appelle un cloître? Pourquoi

LE NEW ZEELANDER
CONTEMPLANT LA CITÉ DE LONDRES EN RUINES
(Scène tirée d'un poème anglais.)

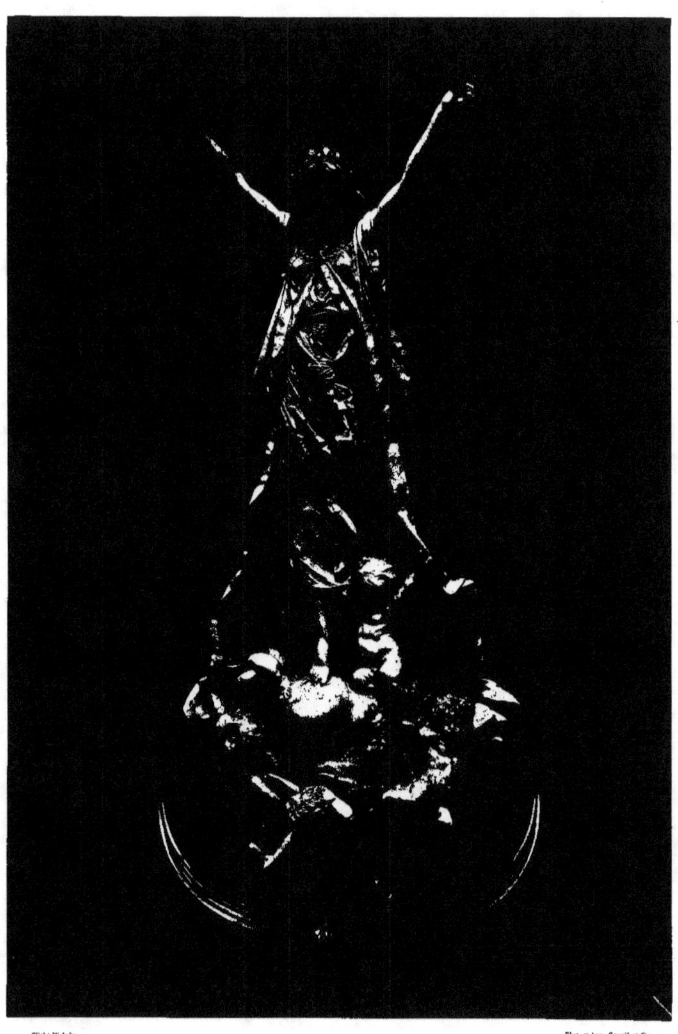

LA NUIT

enterre-t-il sa jeunesse, sa beauté et sa force. Sa place n'est point là. Il y est le seul de sa race. A côté de lui, en effet, je ne vois que des vieillards tassés ou décrépits, des lèvres tremblantes, familiarisées de longue date avec les répons des cantiques, des âmes pour qui la vie terrestre ne compte plus, et qui n'ont plus de pensées qui ne soient des prières. Mais lui, ce jeune, ce fort ? Involontairement, il se redresse et dépasse de toute la tête les ruines humaines qui l'environnent. Il me semble voir un homme enterré vivant qui tâche de soulever la pierre de son tombeau.

Le tableau de Gédéon choisissant ses soldats fait un puissant contraste avec le précédent. C'est sur la pourpre d'un soleil couchant que se profile toute l'armée des soldats hébreux. Des fers de lances zébrent

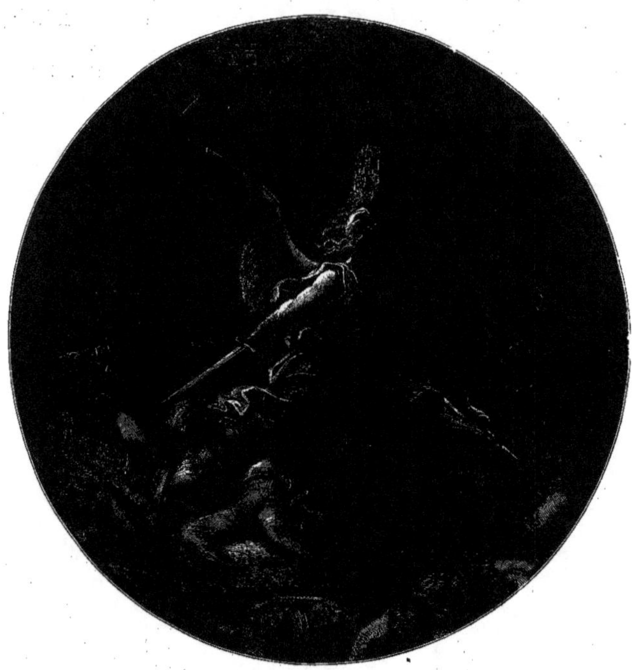

ce fond éclatant; des silhouettes pittoresques de chameaux se détachent en sombre sur l'ardeur du ciel. C'est une page de coloriste supérieurement venue.

Si chacun de ces tableaux offre un intérêt particulier, ceux que je vais citer maintenant se rattachent à une idée unique. Gustave Doré, obéissant à la plus haute inspiration, s'est fait le peintre du drame chrétien.

L'*Entrée de Jésus à Jérusalem* nous montre l'ovation faite au fils de Dieu par le peuple juif. Jésus passe, monté sur l'ânon, et il n'y a pas dans toute la Judée assez de palmes pour l'honorer. C'est le prophète, c'est le saint, c'est l'homme acclamé, adoré. Jamais plus brillant triomphe ne fut offert à un empereur victorieux. Les femmes tombent à genoux devant lui. Les mères lui présentent leurs enfants. Cependant, à l'écart, un groupe de pharisiens sourit : ceux-là savent ce que dure la faveur populaire. Jésus le sait aussi.

Le tableau intitulé : *Chez Caïphe*, nous montre, dans l'ombre du premier plan, le groupe des prêtres qui conspirent et Judas qui trahit, pendant que Jésus passe, au second plan, dans une vision lumineuse.

Et voilà déjà l'*Ecce Homo*, ce lendemain terrible de l'*Entrée à Jérusalem*. La même foule qui acclamait Jésus tout à l'heure demande maintenant à grands cris la mort de celui qu'on a par dérision couvert de la robe de pourpre et chargé du sceptre de roseau. Il faut l'intervention des soldats romains pour empêcher le peuple, qui veut la liberté de Barrabas et la mort du Juste, d'arriver jusqu'à lui. La figure isolée de Jésus, ayant à ses pieds cette colère affolée de tout un peuple, et derrière lui la lâche complicité de Pilate, est d'une poignante beauté.

Dans la *Sortie du Prétoire* et dans le *Portement de Croix*, celui qui va être bientôt le Christ s'achemine au supplice, triste et douloureux voyage accompli sous les insultes de la foule. Les injures pleuvent sur le divin condamné, il n'est pas de honte dont on ne l'accable.

Pendant que ces événements s'accomplissent, la femme de Pilate fait un rêve. Gustave Doré a

fait avec le rêve de Calpurnie l'une de ses deux grandes toiles symboliques qui montrent la grandeur du christianisme.

La femme de Pilate, debout à la gauche du tableau, voit tout à coup passer dans le ciel tous les personnages de l'Ancien Testament, et voilà que derrière eux vient le Christ suivi des âges futurs, par qui son nom est béni. Cortége étrange, qui commence par les martyrs et qui finit par les croisés.

Après *le Rêve de Calpurnie*, je place le tableau des *Martyrs*. C'est le sang des vierges convaincues, c'est le sang des disciples qui a fait triompher la religion du Christ.

Quel spectacle plus émouvant peut-on imaginer que celui de ces vastes arènes envahies par le bleu sombre des nuits italiennes ? Sur le sol ensanglanté gisent les martyrs, victimes héroïques de la fête, cadavres abandonnés dans le cirque désert. Et, déjà, des anges aux ailes blanches apparaissent

LE CHRIST

G. Doré

Cliché Goupil et Cie.

Phot. et Imp. Goupil et Cie.

L'AIGLE NOIR

dans le ciel pointillé d'étoiles. Après le supplice ignominieux, voici la gloire céleste ; après la honte et la douleur, l'éternelle et divine récompense.

Le tableau du *Triomphe du Christianisme* est malheureusement peu connu en France. Exposé à Londres, il jouit, au contraire, en Angleterre de la plus légitime célébrité. Pour moi, je n'hésite pas

à le comparer et même à le préférer au *Jugement Dernier*, que j'admire cependant autant que personne ; mais mon admiration pour Michel-Ange ne m'aveugle pas sur les défauts de son œuvre. La composition de Doré me paraît bien supérieure à celle du Florentin.

Au sommet du tableau, le Christ se détache dans l'isolement d'une lumière éclatante et douce. Il montre la Croix, le signe par lequel il a vaincu. Tout autour de lui des milliers d'anges se pressent, armée céleste obéissant à son ordre et fondant sur l'abîme noir où toutes les erreurs religieuses sont

accumulées. Voilà les religions anciennes en déroute. Au centre, Jupiter tonnant; à droite, sur son char,
Apollon rayonnant, admirable figure, puis, dans un chaos très artistique, les dieux de l'Égypte, de
l'Inde, de la Gaule, les dieux-bœufs et les déesses-panthéres : écrasement fantastique, pêle-mêle grandiose,
qui contraste puissamment avec la sérénité triomphante et lumineuse du Christ.

L' « Ascension » a fourni à Gustave Doré le sujet d'un tableau destiné, comme l'*Ecce Homo*, à remplir
une travée de cathédrale. Le Christ, artistiquement drapé dans une tunique grise flottante, s'élève dans
la gloire des cieux, sur les nuages, escorté par le chœur des anges. Cependant, à travers la trouée de la
nue on découvre, à une profondeur incalculable, la terre de Judée, avec ses saillies, ses deux lacs, ses
rochers et ses sables. Cette vue à vol d'aigle de la Terre sainte, ce paysage, avec sa perspective de carte
en relief, constitue l'originalité de la composition et donne à la figure du Christ remontant vers son
Père une divine et surnaturelle majesté.

Ces grandes œuvres, qui content les diverses phases de l'épopée chrétienne, appartiennent toutes à
l'Angleterre. Ce n'est pas sans éprouver un patriotique regret que je constate ce fait dont la Direction
des Beaux-Arts de France a lieu d'être quelque peu honteuse. Que de reproches n'auront pas à se faire
un jour les administrateurs qui, ayant la prétention d'encourager le grand art, ont laissé aller à l'étranger
les productions les plus grandioses de l'art français contemporain. Le temps n'est pas éloigné où l'on
reconnaîtra la vérité de ce que j'avance, où l'on se plaindra amèrement de l'incurie et de l'aveuglement
des hommes qui pouvaient doter nos musées nationaux, nos basiliques, nos palais, d'œuvres de maître,
et qui ne l'ont pas fait.

En attendant, l'Angleterre s'est assuré la possession de l'œuvre peint de Gustave Doré. Elle a
accaparé ces trésors dont la France sera jalouse avant qu'il soit longtemps. Mais alors il sera trop tard.
Les récriminations ne serviront de rien et nous devrons passer la Manche, pour aller admirer dans les
musées britanniques les productions du grand créateur français.

———

VI

LA CÉLÉBRITÉ DE GUSTAVE DORÉ

Gustave Doré jouit aujourd'hui d'une popularité universelle. Il n'y a pas de pays où son nom ne
soit aimé et respecté comme celui d'un maître.

Les Anglais, qui ont toujours su admirer avant nous nos hommes de génie, et toujours cherché à
nous les enlever, ont organisé depuis longtemps, à Londres, dans New-Bond Street, un musée unique-
ment consacré aux œuvres de Gustave Doré. Là se trouvent quelques-unes des grandes pages que j'ai
citées plus haut, œuvres de peintre et de poëte inspirées par le sentiment chrétien le plus élevé. La Doré-
Gallery est très fréquentée. Rois, reines, empereurs, princes, lords, marchands, banquiers de la cité,
ouvriers des faubourgs, tout le monde va voir les belles toiles qui rendent, sous une forme si saisissante, les drames grandioses des saintes Écritures.

Le clergé anglais professe pour ces œuvres une admiration qui se manifeste de toutes les maniéres,
par l'affluence des *clergymen* au Musée de New-Bond Street et par des prédications dont les tableaux
de Gustave Doré fournissent le thème.

Il n'est point rare de voir un prédicateur monter en chaire et de l'entendre rappeler, dès le début de son
sermon, aux fidèles qui l'écoutent tel ou tel tableau du maître, dont il déduit bientôt le profond enseigne-
ment moral. *Le Rêve de Calpurnie*, le *Triomphe du christianisme*, l'*Ecce Homo*, l'*Ascension*, les *Martyrs*, ont servi
de point de départ à de magnifiques morceaux oratoires. C'est qu'en vérité, par sa façon magistrale d'inter-

LE HYDE PARK CORNER — LONDRES

LES SALTIMBANQUES

préter les saintes Écritures, de conter le drame chrétien, l'artiste s'est élevé à la hauteur des commentateurs les plus autorisés. Son œuvre charme, émeut, et touche le cœur bien autrement que les triptyques religieux, ces tableaux en trois points des primitifs. Ce qui jaillit de ses toiles, c'est la pensée et c'est la foi.

D'illustres orateurs, parmi lesquels les révérends Paxton Hood, Nordman, Wilkinson, ont donc trouvé avec raison que les grandes compositions de Gustave Doré, si populaires dans toute l'Angleterre, formaient des éléments précieux de prédication. Des prélats, de grands esprits dont s'honore l'Église, ont suivi leur exemple. Je me rappelle avoir entendu, à Sainte-Clotilde, Mgr Mermillod prêcher en prenant pour texte un des tableaux religieux du jeune maître.

UN BOUCHER, A LONDRES

Cette particularité a même fait donner à l'artiste un surnom assez curieux. On l'appelle quelquefois en Angleterre « the preacher-painter », le peintre prédicateur.

Lorsque l'artiste est à Londres, des hommages de toute nature lui sont rendus. En juin, 1871, les princes de la famille royale le vinrent voir, en grand équipage officiel. Traverse-t-il la ville, s'égare-t-il dans les quartiers pauvres, il est l'objet d'attentions de toute sorte.

Voici, entre autres anecdotes, ce qui lui arriva pendant qu'il préparait les illustrations pittoresques de son ouvrage sur Londres. L'artiste venait de croquer, dans Billings Gate, quelques types fortement accentués de poissonniers anglais, et il se disposait à regagner le cab qui l'attendait, quand il vit venir à lui une députation des marchands de poissons. Il avait été reconnu et ces braves gens voulaient lui adresser un compliment. Le speach fut court, mais sincère et cordial. Il se termina par des hurrahs prolongés. Doré, très-touché de cet hommage peu commun, répondit de son mieux ; puis, un peu confus de l'honneur qui lui était fait, il voulut se dérober à ses admirateurs. Mais on ne l'entendait pas ainsi. On l'escorta jusqu'à sa voiture, dans laquelle il monta. Son trouble était tel, qu'il ne s'aperçut d'abord de rien ; mais bientôt il sentit que son mollet frôlait quelque chose de frais. C'était une bourriche, la fleur de la marée, que les poissonniers lui avaient délicatement fait emporter comme un témoignage de leur admiration.

Voici un autre trait qui témoigne de la célébrité de l'artiste. Il se trouvait en Suisse, à Lucerne, ayant, par malheur, perdu son passeport, que l'on exigeait avec beaucoup de sévérité à cette époque. Tracassé par la police, Doré demanda à parler au maire de la ville, auquel il dit son nom.

— Vous m'affirmez que vous êtes M. Gustave Doré, lui dit le magistrat ; je le crois ; mais, ajouta-t-il en tendant à l'artiste un crayon et du papier, vous avez là un excellent moyen de le prouver à ces messieurs.

Doré ne se le fit pas dire deux fois. Il y avait sous les fenêtres de la mairie des bonnes femmes qui vendaient des pommes de terre. En deux coups de crayon, le dessinateur eut composé avec ces marchandes un croquis très enlevé, très exact, et surtout très personnel. Il le signa et le tendit au maire.

— Votre passeport est parfaitement valable, lui dit celui-ci, seulement permettez-moi de le conserver en souvenir de vous ; je vais vous en faire délivrer immédiatement un autre dans la forme ordinaire.

Des aventures comme celles de Billings Gate et de Lucerne sont douces et réconfortantes. Elles furent pour Gustave Doré autant d'encouragements précieux, autant de compensations aux misères dont on l'abreuvait dans son pays. D'autres, à sa place, auraient peut-être abandonné la France pour aller vivre où les honneurs et la fortune semblaient l'appeler. Doré est trop Français de cœur et d'âme pour jamais agir de la sorte. Il est de ceux que la lutte exalte et fortifie, et il pourrait prendre pour devise cet admirable mot latin : *Dant vulnera vitam.*

VII

L'ATELIER DE GUSTAVE DORÉ

Je viens de dire quels sont les sentiments intimes de l'artiste ; je voudrais maintenant faire connaître l'homme.

Gustave Doré habite rue Saint-Dominique, avec son excellente mère qu'il adore et qui le lui rend bien. Ennemi de toute banalité, il ne cherche pas à étendre ses relations. L'homme du travail vit à l'écart, dans le monde idéal créé par sa fantaisie, et cent fois plus éblouissant, plus lumineux, plus séduisant que le monde réel.

Mon ami Jules Claretie a tracé, en 1865, un portrait à la plume de Gustave Doré (1). Je demande la permission d'en citer quelques extraits :

« Il est né à Strasbourg. Je l'aurais cru Parisien. Il a la fougue, la verve, l'audace, le brio de l'enfant de Paris. Il peint, il dessine, il cause, il va, vient, s'arrête, court d'un tableau à l'autre, rit et gamine, puis discute et d'un bond passe du lazzi à l'esthétique, — tout à l'heure Gavroche, maintenant Camille Desmoulins. Gustave Doré est bien jeune, et cependant voilà quinze ans qu'il a conquis *électriquement* la réputation.

« ... Doré est petit, mince, vif, élégant.... Regardez, il est délicat, presque fluet. Mais il y a tant d'activité dans son œil pétillant, tant d'humour dans ses lèvres, dont l'inférieure, qui avance un peu, semble narguer ; cette chevelure est si riche et soyeuse, qu'on devine aussitôt un tempérament hardi, plein

---

(1) *Peintres et Sculpteurs contemporains*, par JULES CLARETIE. — Paris, Charpentier, éditeur, 1873.

GUSTAVE DORÉ

PUTNEY BRIDGE. — Retour du *Boat Race.*

G. Doré

Cliché Michelez.

Phot. et Imp. Goupil et Cie.

LE PAYS DES FÉES

de séve et de verve, prime-sàutier, facile dans l'improvisation, et — car, si l'œil brille, il se recueille aussi — composé à la fois de la pétulance méridionale et de la rêveuse mélancolie du Nord... Il s'assied à vos côtés, cause et du vaudeville de la veille et du bon mot de la matinée, des bruits de Paris, de

ENFANT PAUVRE, A LONDRES

tout et d'autre chose encore. Il parle peu de ses dessins — beaucoup de ses tableaux — mais surtout de ses voyages, et trousse le paradoxe avec plaisir... »

Physiquement, Gustave Doré n'a pas beaucoup changé depuis que ce portrait a été esquissé. Sa tête a pris seulement un caractère plus puissant. Il semble que l'artiste, plus mûr, ait la pensée plus vaste. Le front, ce palais de l'intelligence humaine, paraît s'être élargi, sans cependant que la chevelure soyeuse ait diminué. Au moral, il faut transposer d'un ton le portrait tracé par M. Jules Claretie, pour avoir l'exacte ressemblance. Ni Gavroche, ni Camille Desmoulins; mais beaucoup d'esprit et beaucoup de cœur. Plus de gaminerie; mais de la bonne humeur française et gauloise. Moins d'agitation; plus d'activité réelle. Moins de brio peut-être; mais infiniment plus de fond. Sa conversation, toujours vive, toujours étincelante, se fixe davantage et attache par l'élévation de la pensée et par le bonheur de l'expression. Gustave Doré a des trouvailles de mots, de caractéristiques, qui lui font gagner les causes qu'il défend, et ces causes sont toujours généreuses.

Peu d'artistes ont le don de la causerie d'une manière aussi attachante que lui. Il est un de ces hommes à la pensée féconde auprès desquels on apprend toujours. Qu'il parle d'art, de musique, de littérature, on est étonné de l'originalité et de la justesse de ses jugements.

Jadis, peut-être, il créait plus qu'il n'étudiait. Aujourd'hui qu'il est plus fort, il crée et il étudie à la fois.

Du reste, il est facile de voir dans son œuvre qu'il a beaucoup étudié et beaucoup lu. Ses tableaux, ses dessins, dénotent, tant par leur sujet que par la manière dont sont traités les détails et les accessoires, une sérieuse érudition.

Mon intention n'est pas de raconter dans ses menus détails la vie intime de Gustave Doré. Aussi bien le *chez-soi* doit-il rester impénétrable pour le public. Cependant je croirais n'avoir tracé qu'un portrait incomplet de l'artiste, si j'oubliais de parler de Doré musicien.

Le dimanche, jour des réunions de famille, après dîner, il est rare qu'il ne s'empare pas d'un violon. Son frère, Ernest, qui a composé de fort jolies pages, se met au piano : un concert s'improvise. Gustave Doré sait par cœur toutes les partitions de Rossini, depuis l'ouverture jusqu'au finale. Je connais peu de mémoires musicales aussi bien meublées que la sienne. Comme exécutant, il est surprenant d'entrain. Il se livre tout entier à l'inspiration du maître qu'il interprète. Il joue avec fougue, avec passion, avec joie. Il a des audaces de coup d'archet qui saisissent, des trouvailles d'expression qui étonnent et qui charment. Encore une fois, l'artiste est un, et il n'y a de la musique aux arts plastiques que la différence de l'instrument : archet, ébauchoir ou pinceau.

Buffon avait plusieurs cabinets consacrés chacun à une science différente. Il se reposait d'une étude en passant dans une autre pièce et en se livrant à une autre étude. Gustave Doré fait un peu la même chose. Il a deux ateliers, l'un attenant à son appartement de la rue Saint-Dominique, l'autre rue Bayard. Dans le premier, le plus intime, il dessine, il fait des aquarelles, il burine des eaux-fortes. Dans l'autre atelier, situé rue Bayard, et qui a les vastes proportions d'une nef d'église, il peint et sculpte. C'est là qu'il compose ses grandes et belles toiles. Je tiens à donner ici un détail qui a son importance. Un tableau comme celui de *l'Entrée de Jésus à Jérusalem* nécessite, tant pour la toile que pour les couleurs, les modèles et les accessoires, une dépense totale de cinquante mille francs et n'a, par sa dimension même, que fort peu de chances d'être acheté. Pourtant Gustave Doré n'a pas hésité un seul instant à entreprendre ce travail fabuleux, à passer des mois sur l'échelle pour faire plusieurs œuvres de cette envergure, pour donner la mesure de son talent. Une pareille tentative prouve non seulement le désintéressement de l'artiste, mais aussi son tempérament, sa volonté et sa foi.

Quelques tableaux garnissent les murs de l'atelier de la rue Bayard. Ce sont pour la plupart des paysages faits récemment, d'après nature, en Écosse et en Suisse.

Un jour que je passais en revue les toiles accrochées dans l'atelier, je demandai à Gustave Doré quelle était celle qu'il préférait.

— Celle-ci, me répondit-il en me désignant du doigt une toile encore blanche. On préfère toujours à l'œuvre déjà terminée celle que l'on va entreprendre et qui est encore dans toute la beauté du rêve. On espère toujours que l'œuvre de demain sera en progrès sur l'œuvre d'hier. Puis, dans les reflets et les faux jours de la teinte blanche appliquée à la toile, on voit des mondes infinis. C'est bien le meilleur tableau, puisqu'il contient tous les tableaux possibles.

SOUS LES ANCIENNES ARCHES DE WATERLOO-BRIDGE

G. Doré

Cliché Goupil et Cie.

Phot. et Imp. Goupil et Cie.

LE CHANT DU DÉPART

VIII

DESSINS PATRIOTIQUES

Il me semble qu'il convient de consacrer dans cette étude un chapitre aux dessins patriotiques de Gustave Doré. Aussi bien la série des compositions que lui a inspirées l'amour de la patrie est-elle une des plus admirables de son œuvre. La pensée haute, le cœur ardent de l'artiste, se sont enflammés, enthousiasmés pour les grands élans du pays. Il s'en est fait l'historien inspiré.

Si l'on suit l'ordre chronologique des sujets patriotiques qu'il a traités, on trouve tout d'abord à signaler ses compositions sur la *Marseillaise*. L'œuvre de Rouget de Lisle est le plus sublime appel aux armes, la plus vibrante invocation du patriotisme. C'est la chanson guerrière par excellence, la chanson de l'héroïsme. C'est le cri de la patrie en danger. En cela elle est vraiment, incontestablement, nationale. Le frémissement généreux de 1792 se retrouve dans les couplets de ce poëme immortel. Quand on l'entend, la puissance du rhytme et des paroles s'impose aujourd'hui encore à toutes les âmes, et l'on ne s'étonne plus, en relisant l'histoire de cette grande époque, que des soldats en sabots, entraînés par ce cri de délivrance, aient pu chasser l'ennemi du sol français.

La strophe ailée de la *Marseillaise* devait planer, dans les airs, au-dessus des armées de la jeune République.

C'est sous cette impression, avec cette émotion et ce frisson généreux au cœur, que Gustave Doré a composé la gravure où il montre le départ des volontaires, des sublimes va-nu-pieds, coiffés du bonnet à cocarde, escortés par les mères et les femmes, et courant à la victoire dans un irrésistible entraînement. Du haut des cieux, une grande figure guerrière, tenant d'une main la torche et de l'autre l'épée, précède les braves qui vont vaincre ou mourir.

Qui pourrait arrêter ce torrent humain que l'amour de la patrie et de l'indépendance mène au

LA PATRIE EN DANGER

combat? En vain le canon peut tonner, en vain la mitraille trouera ces poitrines nues. Ce n'est pas la nation seule qui se bat. Il semble que le sol même se soulève pour seconder les efforts de ses défenseurs. Quand les aînés seront tombés au premier rang, les plus jeunes prendront leur place, et,

> S'ils tombent, nos jeunes héros,
> La terre en produit de nouveaux,
> Contre vous tout prêts à se battre.

Sur ces trois vers Gustave Doré a mis en scène le drame de la résistance à outrance. Les fiers soldats sont étendus sur le champ de bataille. La lutte a été terrible, si l'on en juge au nombre des cadavres. Se soulevant à demi, les blessés interrogent l'horizon avec anxiété. Tout à coup un sourire

LA MARSEILLAISE

G. DORÉ

Cliché Goupil et Cie.

Phot. et Imp. Goupil et Cie

LA MARSEILLAISE

d'espérance éclaire leur visage. Ils viennent d'apercevoir les enfants, les petits, qui sautent sur les chevaux sans maîtres, errants dans la plaine. L'un de ces héros de douze ans a ramassé le drapeau. Hurrah! La bataille n'est pas encore perdue. Un nouveau David surgit devant Goliath. Par un suprême effort, un bel officier de cuirassiers, mourant sur un tas de morts, tend son épée au petit porte-drapeau.

— Tiens-le ferme, mon fils, et défends-le jusqu'à la mort!

Sans transition je passe à une autre époque. Doré a peint, sur la bataille de l'Alma, un de ses tableaux les plus vivants, les plus enfiévrés. Faut-il rappeler ce que disait M. Edmond About de cette toile où pour la première fois, dans la peinture militaire, le premier plan fut donné au soldat? Faut-il retracer ce furieux élan des zouaves culbutant tout, triomphant de tout, violant la victoire en quelque sorte?

A la même date, Gustave Doré composa un livre d'un tout autre genre, bien qu'écrit également

sous l'influence d'une idée patriotique. Ce livre c'est *la Sainte Russie*. Il consiste en une revue satirique à la plume et au crayon de la sanglante histoire des czars. Jamais pamphlet plus terrible ne fut lancé contre un ennemi. Ce qui a été dépensé d'esprit et de talent dans cet ouvrage est vraiment inouï. Malheureusement, le livre est introuvable aujourd'hui. Après la prise de Sébastopol et la conclusion de la paix, le gouvernement, voulant apaiser les esprits et faire acte d'urbanité envers le vaincu, fit acheter et détruire tous les exemplaires qu'on put recueillir dans les librairies.

Il me faut maintenant aborder une page de notre histoire, autrement triste.

Parlant des injustices dont Gustave Doré a été trop longtemps l'objet dans son pays, je lui ai appliqué plus haut la devise des forts, que le malheur n'abat jamais :

Dant vulnera vitam.

Cette devise pourrait être aussi bien celle de la patrie meurtrie en 1870-1871, et qui, depuis, semble se relever plus belle et plus grande que jamais. Dans ces jours de douleur où nous perdîmes l'Alsace, Gustave Doré sentit son patriotisme saigner. Il n'eut pas seulement, en effet, à pleurer sur l'affaiblissement passager de la France. Il versa des larmes de colère et de deuil, quand il vit sa ville natale, son berceau, Strasbourg, tomber aux mains de l'ennemi.

Après Sadowa, il avait dessiné contre la guerre un éloquent plaidoyer en mettant en opposition deux gravures : *La Paix* et *La Guerre.* Dans la première on voyait un petit village tout au bonheur de la rentrée des paysans un soir de moisson. La seconde montrait le même village après le passage des armées ennemies, dévasté, à moitié calciné, parcouru par des bêtes affolées, rempli par les appels déchirants des orphelins.

En 1871, Gustave Doré reprit son crayon vengeur. Tout entier aux grandes préoccupations du moment, il composa d'abord, en 1870, une scène d'un entrain communicatif, d'un irrésistible élan : *Le Chant du Départ.* Puis, presque aussitôt : *Le Rhin Allemand,* invocation splendide. Sur les bords du

vieux fleuve, la jeune armée française arrive, éclairée par une lune pâle, et sur le passage de nos vaillants les vieilles tombes, les fossés des routes, s'ouvrent pour laisser sortir les soldats d'autrefois, vainqueurs du Rhin, réveillés de la mort pour acclamer encore le drapeau. Jamais vision fut-elle plus belle! Mais, hélas! ce n'était qu'une vision.

Les revers arrivent. Doré, frémissant, compose une page nouvelle : *Le Sphinx.* Le Sphinx, c'est la guerre, c'est cet inconnu sanglant qui donne la victoire ou la défaite, c'est l'éternel mystère, c'est le Dieu sourd que la France interroge anxieusement.

Pauvre France! L'artiste nous l'a montrée encore une fois, génie aux ailes brisées, gisant à terre, mais non découragée, et luttant toujours, couchée sur le drapeau, contre l'aigle que son regard de mourante épouvante encore.

Enfin, et c'est ici la dernière page douloureuse de ce poème trop réel, Gustave Doré a personnifié l'attachement de l'Alsace à la France et ses espérances, par un dessin qui n'a pas tardé à devenir populaire. Vous la connaissez tous, cette Alsacienne coiffée d'un ruban noir qui tient, serré contre son cœur, le drapeau aux trois couleurs, tandis que sa mère assise près d'elle soigne l'enfant bien-aimé, l'orphelin qui sera l'homme de la Revanche.

S'ils tombent, nos jeunes héros,
La terre en produit de nouveaux,
Contre vous tout prêts à se battre.

G. DORÉ

Cliché Michelez.

Phot. et Imp. Goupil et Cie.

LE RAVIN

IX

DORÉ AQUARELLISTE ET AQUAFORTISTE

L'aquarelle a fait de nos jours des progrès considérables. Abandonnant les anciens procédés pâteux

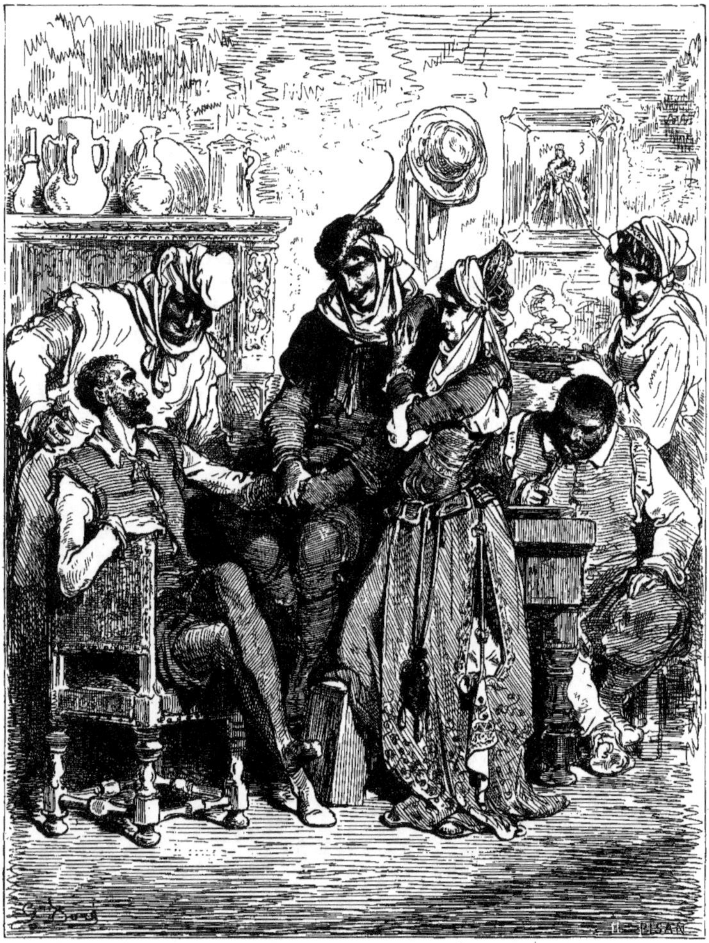

Don Quichotte. Hachette et Cie.

DON QUICHOTTE CHEZ LES JEUNES MARIÉS

et lourds, elle est devenue pimpante et lumineuse. Je ne crains pas de comprendre Gustave Doré parmi les maîtres aquarellistes de la nouvelle école.

Ce qu'il faut pour bien faire une aquarelle, c'est la sûreté de la main, la franchise de la touche, la netteté du ton. Ce sont là les traits distinctifs de Gustave Doré. Ses qualités naturelles, son intelligence prompte, son coup d'œil sûr, sa décision rapide, l'ont puissamment servi dans ce genre d'études et ont singulièrement facilité sa réussite. Tout en composant des aquarelles d'une grande beauté, Doré ne semble cependant pas attacher à ce genre de productions l'importance qu'il me paraît mériter. Un jour que je le priais de me dire pourquoi il estimait relativement peu l'aquarelle, il me répondit :

— Pour moi, l'aquarelle n'est qu'une écriture avec laquelle on prend des notes.

Il résulte de cette opinion que Gustave Doré a rarement montré des aquarelles au public. Il a cependant fait exception à cette règle une première fois, lors de l'exposition qui s'est tenue au cercle de l'union artistique de la place Vendôme, en 1877. On a pu avoir alors une idée de sa manière, et ce jour-là Doré a conquis des admirateurs enthousiastes.

Parmi les aquarelles exposées, je me rappelle un *Gargantua au berceau* qui dévorait des vaches en guise de hochet. Je me souviens aussi de quelques vues d'Écosse tout à fait dignes d'être retenues. Il

y avait notamment un petit village dégringolant sur la pente d'une falaise jusqu'à la mer, et dont j'ai conservé une impression toujours aussi vive. Quelques scènes prises sur le vif dans les rues de Londres, un tableau du fourmillement humain qui règne dans les docks, s'imposent également à mes souvenirs.

Au mois d'avril 1879, un groupe des principaux aquarellistes français s'est constitué en société, et a organisé, rue Laffitte, une exposition d'aquarelles. Parmi les plus illustres membres de cette association figurent Mme Madeleine Lemaire, qui possède seule aujourd'hui l'art de peindre les fleurs et de les faire vivre sur le papier; M. Heilbuth, dont la palette vigoureuse se plaît à draper des cardinaux dans leurs robes rouges; M. Detaille, qui excelle à mettre en scène et à animer les épisodes militaires; M. Worms, qui doit sa réputation à des qualités intenses de coloriste et d'observateur; M. Eugène Lami, un des vétérans de l'aquarelle; M. Leloir, dont on ne saurait trop louer la sûreté de main et la brillante exécution. La première pensée de tous ces vaillants artistes, si experts dans leur art, fut d'appeler à eux Gustave Doré. Aussi bien comprirent-ils qu'une exposition d'aquarellistes français ne pouvait se passer de ce grand nom.

Gustave Doré, mis en demeure de montrer des aquarelles, tint à exposer des œuvres toutes nouvelles.

N'acceptant pas l'opinion, généralement admise, qui limite l'application de la peinture à l'eau à la dimension des pages d'album, Gustave Doré tint à prouver que les ressources de l'aquarelle n'avaient pas de limites, que ce procédé, que cette manière pouvaient servir à la production d'œuvres considérables, aussi bien que la peinture à l'huile.

La Bandurria

LA GLOIRE

C'est avec cette pensée qu'il a composé et exécuté à l'aquarelle un portrait de sa mère, de grandeur nature, qui a fait sensation à l'exposition de la rue Laffitte.

Ce portrait est d'une vérité intense. Ce sont bien là les traits, l'expression de physionomie, l'attitude habituelle de la mère de notre grand artiste. Ceux qui l'ont vue assise dans son fauteuil, accueillant ses hôtes par d'aimables paroles et de charmants sourires, causant avec finesse; ceux même qui n'ont fait que l'entrevoir la reconnaissent immédiatement, tant il y a identité entre le modèle et son portrait. Pour ceux qui ne connaissent pas Mme Doré, l'œuvre de son fils offre un intérêt d'un autre ordre. Par sa facture d'une certitude rare, par la puissance de l'effet, par la chaleur des tons, par la simplicité toute naturelle de la composition, par la puissance d'exécution qu'elle atteste, cette aquarelle mérite de retenir longtemps les curieux d'art. Elle ouvre une voie nouvelle aux artistes, en leur prouvant qu'ils peuvent, en employant la peinture à l'eau, rivaliser avec la peinture à l'huile et avec le pastel.

BALAYEURS ET MARCHANDS DE POMMES DE TERRE

Le portrait de Mme Doré occupe le centre d'un panneau autour duquel le maître aquarelliste a groupé des œuvres de tout genre, paysages merveilleux, scènes observées dans les rues de Londres, types caractéristiques pris sur le vif. Je dois une mention toute particulière à une tête d'Anglais, coiffée du large chapeau en toile cirée blanche. La concentration du caractère britannique, sa fermeté, son impénétrabilité, sont résumées d'une manière saisissante sur ce visage populaire de portefaix. Opposez-lui une autre aquarelle qui représente un paysan normand, à figure pleine et souriante, très en chair, avec des petits yeux frisés et perçants. Que de ruse, que de finesse, que d'habileté sous ce masque de bonhomie réjouie! Et imaginez un moment que ces deux hommes se trouvent en présence et discutent un marché quelconque. Pour se passer entre des héros de village, la rencontre n'en serait pas moins homérique, et nul ne pourrait parier sûrement pour le succès de l'un ou de l'autre de ces deux individualités qui accusent si fraîchement les différences de deux peuples.

Considérant l'aquarelle comme une sténographie artistique d'une nature spéciale, Gustave Doré conserve dans son atelier la plupart des peintures à l'eau qu'il fait chaque année dans ses voyages. Ce sont des documents précieux dont il se sert pour terminer ses paysages et ses tableaux à l'huile. La revue de ces aquarelles est une de mes joies, lorsque je visite son atelier de la rue Saint-Dominique ; elles m'intéressent toutes, elles me charment par leur spontanéité, par leur justesse, par leur impression extraordinairement vive et puissante. Je ne résiste pas au plaisir d'en décrire deux qui m'ont frappé entre toutes.

La première représente un bois de sapins coupé par une ravine où coule un ruisselet. Au premier plan, c'est la forêt sombre. Les troncs d'arbres s'élancent d'un jet superbe, avec la précision des colonnes d'un temple. Ils relient la mousse du sol au dôme vert composé de millions d'aiguillettes. Au second plan, le bois s'étend, avec la perspective des longues rangées de pins. On sent toute la profondeur triste des forêts plantées d'arbres de cette essence. Cependant, dans le lointain, une clairière se dessine et le soleil triomphant vient dorer les mousses délicates. Je voudrais, pour compléter le tableau, bien faire comprendre la beauté de l'exécution, les valeurs des tons, le sentiment d'espace et d'air que donne cette aquarelle que Doré a faite et que seul peut-être il pouvait faire.

La seconde aquarelle, devant laquelle je m'arrête souvent, est un portrait. Se trouvant à Londres, Doré remarqua, dans un quartier pauvre, un type étrange de brocanteur. Le dessin du nez, de l'arcade sourcilière, de la bouche, du front, accusaient d'une manière extrêmement saillante les signes distinctifs de la race judaïque pure. L'artiste invita ce malheureux à le suivre jusqu'à son hôtel et, séance tenante, il fit un portrait des plus remarquables.

Si l'on connaît peu les aquarelles de Gustave Doré, on ne connaît pas davantage ses eaux-fortes.

La plus merveilleuse qu'il ait produite est sans contredit l'eau-forte de son tableau du *Néophyte*. C'est une planche qui mesure 72 centimètres de long sur 60 centimètres de haut. Il me semble qu'elle a plus d'accent encore que le tableau dont elle est la reproduction exacte.

Une autre eau-forte du même artiste me paraît destinée à obtenir un succès considérable le jour où il la produira en public. C'est une tête de Christ grandeur nature, tête lumineuse sur laquelle se porte l'ombre odieuse de Judas apportant le baiser de la trahison. On a souvent dit et répété que la puissance de l'eau forte n'allait pas jusqu'à pouvoir rendre le modèle d'une tête humaine dans sa dimension normale. L'œuvre de Gustave Doré prouvera largement que cette opinion est erronée et que l'eau forte, pas plus que les autres procédés, n'est impuissante qu'autant que l'artiste qui l'emploie est impuissant lui-même.

X

DORÉ SCULPTEUR

Au Salon de 1877, Gustave Doré s'est affirmé une fois de plus en abordant une nouvelle forme de l'art : la sculpture. Son groupe de *la Parque et l'Amour* se distingue par le cachet original que Doré imprime à tout ce qu'il fait. Cet enfant blond qui s'appuie, comme sur le sein d'une mère, sur la Parque inflexible, qu'il aide à filer les jours humains, ce jeune et souriant complice de la Mort fait penser et rêver longuement. L'exécution très-poussée du groupe accuse une main qui n'est pas novice et trahit des études antérieures déjà longues. Le corps de l'Amour est un morceau très fait, très cherché d'après le modèle. Sa figure a bien l'expression séduisante qu'il faut donner au divin Eros. Quant à la sombre compagnonne, immuable et froide, elle poursuit son œuvre, drapée dans un manteau, dont les plis rappellent les belles lignes d'Albert Dürer.

L'apparition de cette œuvre puissante a été un nouveau sujet d'étonnement pour ceux qui n'admettent pas qu'un artiste puisse être varié. Un homme d'esprit du siècle dernier disait cependant qu'on ne devait jamais employer l'expression : *les arts*. « Les arts sont un, affirmait-il. » L'art est unique, en

SANCHO PANÇA ET SON ANE

G. DORÉ

Cliché Michelet.

Phot. et Imp. Goupil et Cie.

LA GRÈVE

effet; il n'a qu'une source et ses diverses manifestations n'ont entre elles d'autre différence que celle des procédés employés ou, pour mieux dire, du métier. Que l'on se serve du crayon, du burin, de la brosse, de l'ébauchoir, de la plume ou de l'orchestre, ce qu'il faut faire valoir, ce qu'il faut mettre en scène, ce qu'il faut présenter sous son aspect le plus favorable, c'est l'idée, mère éternelle de l'art.

Gustave Doré a l'idée, l'idée féconde, vigoureuse, diverse; les œuvres sculptées qu'il a exécutées depuis *la Parque et l'Amour*, et qu'il se propose de traiter, montrent jusqu'à quel point il possède cette faculté créatrice.

Est-il une idée plus admirable que celle du groupe qu'il a envoyée au Salon de 1878, et qui rend, avec la plus saisissante vérité, le martyre de la gloire. La Gloire, la maîtresse enviée, sollicitée par tous les jeunes, par tous les ardents, ménage à ses préférés d'étranges et de cruels baisers. Doré a traduit cette pensée par deux figures expressives : la Gloire, sous les traits d'une femme belle et froide, tient embrassé un homme dans la force de l'âge, de la beauté, du talent. Elle le serre contre son sein impla-

cable; mais sa main, qui lui apporte des palmes, cache en même temps un poignard qui va percer au cœur l'amant sans défiance. Et lui, sentant le fer pénétrer dans sa chair, se débat, et d'un bras sans force cherche en vain à arracher la couronne de laurier qui pèse sur son front.

N'était-ce pas aussi une idée sculpturale pleine d'originalité que celle du *Ganymède* qui a été exposé au cercle de l'Union artistique de la place Vendôme? Le groupe formé par l'aigle et par le divin échanson est conçu avec une rare audace. C'est à peine si le fils de Tros touche encore au sol par le dernier pli de sa tunique. Toute l'action, toute la force est au sommet du groupe, dans le mouvement d'ailes de l'oiseau de proie, dans la ligne du corps réellement arraché à la terre.

Gustave Doré a encore exécuté une statue monumentale pour l'Opéra de Monaco.

On sait que M. Blanc, voulant posséder à Monaco un théâtre de premier ordre, a confié à M. Charles Garnier, l'architecte de l'Opéra de Paris, le soin de dessiner et de construire la salle qui ajoutera un élément de succès de plus aux nombreux attraits dont jouit déjà le petit paradis de la côte provençale. M. Charles Garnier a eu la bonne inspiration de s'adresser à Gustave Doré pour avoir une figure allégorique de la Danse.

Conçue dans le style de la Renaissance, la statue de la *Danse* est gracieuse et élancée. Sa taille héroïque ne nuit pas à la légèreté de sa pose. Le pied levé, les bras supportant une guirlande de fleurs, la Danse exécute un pas chaste et galant. A ses pieds, parmi les accessoires, tambourins, flûte de Pan, castagnettes, un Amour se joue et tend à la danseuse une des flèches de son carquois.

Quel que soit le mérite des œuvres sculptées que je viens de signaler précédemment, il en est une devant laquelle toutes les autres pâlissent. Tel est du moins mon avis, et cet avis, je le sais, est partagé par un nombre considérable de personnes. Gustave Doré en la composant et en l'exécutant s'est surpassé lui-même. Jamais il n'a fait preuve d'autant d'originalité dans la pensée, d'autant de bonheur dans le rendu. Cette œuvre-là n'a pas de précédents dans l'histoire de la sculpture. C'est un trésor unique, que notre siècle doit être fier d'avoir vu naître et que les générations à venir lui envieront. C'est le modèle le plus précieux de l'art décoratif qu'il ait jamais été donné de voir à des yeux humains.

Je doute que personne puisse s'inscrire en faux contre le jugement que je porte. Il est permis d'être enthousiaste, quand on parle d'une chose vraiment belle et parfaite, d'une œuvre d'art aussi nouvelle, aussi complète, que le *Vase* de Gustave Doré.

XI

GUSTAVE DORÉ ET L'ART DÉCORATIF

C'est un vase monumental, haut de deux mètres et demi, ayant la forme ventrue et le goulot aminci des potiches chinoises ou des fiaschi italiens. L'artiste lui a donné la patine du bronze vert pour que la gaieté du ton fût en harmonie avec la gaieté du sujet qu'il a sculpté sur les reins cambrés de la bouteille.

Ce sujet, c'est le poème de la vigne.

Sur le pied du vase, parmi les pampres, des petits « culs-nuds d'amour » protègent les ceps contre leurs ennemis; ceux-ci chassent une araignée, cet autre tire par la queue un mulot effaré; ici c'est un serpent que l'on excite; ailleurs un baby joufflu embrasse un papillon, pendant qu'un de ses petits camarades cause confidentiellenent avec un gros phaléne; deux des enfants, travailleurs de la dernière heure, font la courte échelle pour cueillir une grappe de raisin.

Descendant du haut de la bouteille, les pampres se divisent en trois guirlandes dont les arcs se dessinent sur la partie cambrée du vase. Ces encadrements naturels de feuilles et de grappes forment trois rinceaux touffus, soutenus par des agrafes, et entourent trois espaces où la fantaisie créatrice du sculpteur a pu se donner libre carrière. A chacun des points d'attache, à chacune des parties ménagées, correspond un groupe différent, de telle sorte, que le vase offre aux regards six motifs principaux.

A la première agrafe, je vois un faune aux jambes de bouc. Pourquoi a-t-il quitté les bois? Les êtres d'ombre doivent rester dans l'ombre. Le pauvre faune est assailli par une nuée d'amours et, qui plus est, par une nymphe rieuse qui profite de son effarement pour tirer les oreilles velues du butor. Patience! La nymphe a tort de rire dans les vignes ensoleillées. Nous la retrouvons, au second point

GITANOS

G. Doré

Cliché Michelez.

Phot. et Imp. Goupil et Cie.

LE NÉOPHYTE

d'attache, voluptueusement couchée sur le flanc et tendant vers un dieu protecteur sa coupe d'où tombent quelques gouttes d'or. Son escorte d'amours s'amuse d'autre part à chevaucher sur un lézard aux écailles d'émeraude. La nymphe n'est plus gardée. L'heure du faune est venue. Voici, en effet, à la troisième agrafe des pampres, le faune cornu qui s'empare de la vierge affolée et qui cherche à l'entraîner sous les bois tapissés de mousse.

Les trois parties encadrées par le feuillage offraient au sculpteur un champ plus vaste que les points d'attache déjà décorés par les dessins des ceps chargés de fruits; aussi est-ce dans ces espaces libres qu'il a placé ses plus gracieux sujets.

VOYAGE EN ESPAGNE

Belle comme une déesse païenne, montrant la gloire de son torse, une jeune femme est assise, ayant près d'elle un petit amour. Il y a de la chasteté dans son attitude et sa nudité est pure. Celle-là n'a pas encore touché aux grappes blondes; elle se tient à l'écart de ses compagnes, qui, déjà grisées par les effluves capiteuses, lutinent les faunes des agrafes voisines.

Cette sagesse durera-t-elle ? — Non.

Dans le tableau suivant le gros Silène, aux flancs plissés de graisse, s'épanouit lourdement. Comment résister à l'influence de ce dieu? Les nymphes n'ont point cette vertu. L'une d'elles, s'accrochant des mains aux parois du vase, élève jusque dans les pampres les plus élevés un amour, complice de ses désirs, qui cueille le raisin à pleines mains. Une autre nymphe s'est étendue, lascive, en travers de la guirlande de feuillage, sans abandonner sa coupe, dans laquelle un amour obéissant exprime le jus d'une grappe vermeille.

Telle est l'idée de l'œuvre; mais cette description ne rend pas la poésie des formes gracieuses accumulées sur les reins du vase, l'intensité de vie qui anime tout ce monde galant, les contrastes d'indolence et de passion, de laideur et de beauté, la pureté sculpturale des corps de femme, la solidité redoutable des faunes et la grâce des amours disséminés partout, nichés sous les feuilles, hissés au goulot de la bouteille, tapis dans les rinceaux inférieurs.

En composant ce magnifique morceau, où les détails intéressants se fondent si habilement dans une composition d'ensemble, en groupant dans un travail de sculpture autant de figures qu'il aime à en semer dans un dessin ou dans un tableau, Gustave Doré a fait une œuvre d'un caractère absolument nouveau. Ce n'est pas que le groupement n'ait jamais été tenté par les sculpteurs. Je n'ai pas perdu la mémoire des sujets tels que *le Tibre* et *le Vieux Nil*, père nourricier de l'Égypte, ayant dans ses jambes et sur son torse les centaines d'enfants qu'il alimente; mais la bouteille de Gustave Doré laisse loin derrière elle ces œuvres sans grâce et sans proportions, et l'on peut dire qu'elle a ouvert à l'art décoratif des horizons absolument nouveaux.

Pour moi, je considère ce vase comme l'une des œuvres les plus extraordinaires qui soient jamais sorties de la main de l'homme. Au point de vue de la décoration monumentale des parcs et des palais, je ne crains pas d'affirmer qu'on n'a jamais rien produit, à aucune époque, qui vaille cette œuvre dont la place serait marquée, soit au parc Monceau, soit dans la cage grandiose de l'escalier de l'Hôtel de Ville de Paris, ou dans la Loggia que M. Viollet-le-Duc propose d'élever sur la vieille place de Grève. Le Conseil municipal a songé un moment à faire cette acquisition et il n'a peut-être pas abandonné complètement cette idée. Je le souhaite, pour ma part, car je crois que la possession de cette œuvre unique ajouterait à la gloire artistique de Paris.

Il ne faut pas s'y tromper, le Vase de Doré, qui a été pendant toute la durée de l'Exposition universelle l'objet de l'admiration unanime de tous les visiteurs, a conquis dans le monde une réputation universelle. Je mets en fait qu'une petite ville quelconque de France, la moins bien partagée sous le rapport archéologique et monumental, qui aurait la bonne fortune d'acquérir cette œuvre sculptée, de la faire couler en bronze et de l'élever sur sa principale place, attirerait à elle un courant de visiteurs et de touristes aussi fort que la cathédrale de Sens, par exemple, peut en amener dans la petite cité bourguignonne. Le Vase de Doré deviendrait pour les voyageurs le Vase de Cette, le Vase de Libourne. Il prendrait le nom de la ville qui le posséderait et vaudrait à lui tout seul, pour les intérêts municipaux de ses heureux possesseurs, mieux qu'un musée.

J'ai dit que le Vase avec le décor de la vigne ouvrait une perspective nouvelle à l'art décoratif contemporain. Je dois ajouter que Gustave Doré semble s'être donné pour but précisément de renouveler l'art décoratif, qui se traîne depuis si longtemps dans les redites et qui vit sur des banalités terriblement usées. La tâche est belle, en effet, et digne de son génie.

La croisade qu'il entreprend me paraît relativement facile pour lui. Les choses contre lesquelles il aura à lutter ne peuvent trouver de résistance que dans la routine, dans l'habitude des esprits étroits. Le nombre des gens qui comprennent le luxe du mobilier, qui considèrent que le milieu fait l'homme et que l'art doit prendre la première place partout, est heureusement bien plus considérable que le nombre des esprits fermés à tout progrès qui peuvent vivre en présence des odieuses pendules mythologiques du premier Empire et de la Restauration.

Du reste, si l'on en juge par les premières tentatives de Gustave Doré, la victoire s'est déjà prononcée pour lui. Le *Vase,* décor de palais ou de parc, a obtenu un succès incontestable. La torchère qu'il a exposée dans le vestibule d'honneur du palais du Champ-de-Mars, en 1878, a été également très admirée. Peut-être n'est-il pas inutile de rappeler ici cette gracieuse et originale composition.

La torchère monumentale dont il s'agit a pour figure principale une statue de femme, portée sur un croissant de lune, comme la Vierge de Murillo, et vêtue d'une tunique semée d'étoiles. Elle personnifie la Nuit. A ses pieds, un jeu d'Amours et de Songes symbolise les bienfaits de la grande réparatrice. C'est le bonheur négatif et le bonheur affirmatif qui se trouvent mis en présence, les joies de l'espérance et

LONDRES. — SCÈNE DE NUIT

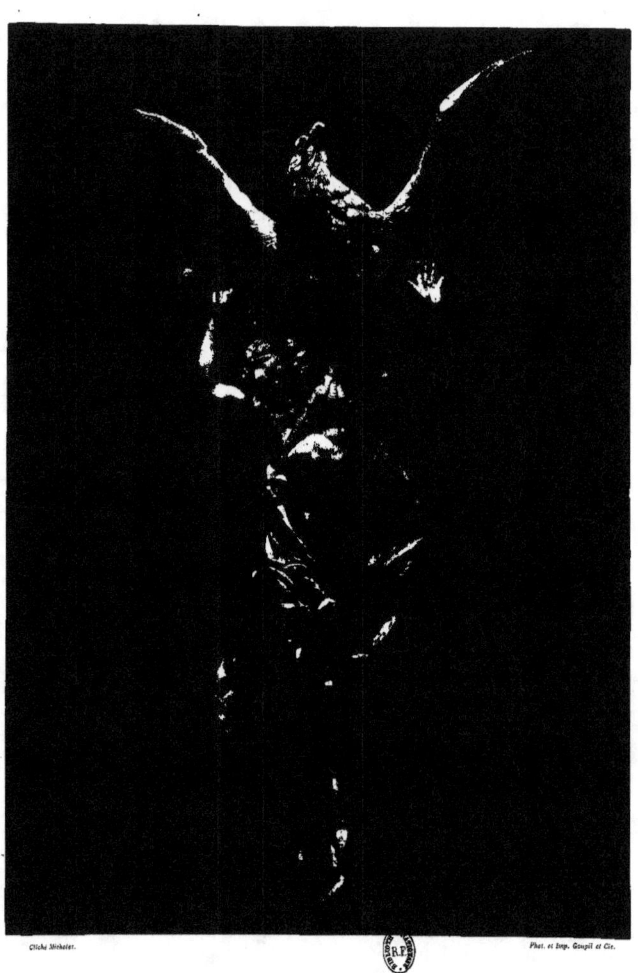

GANYMÈDE

celles de la réalité. La Nuit, généreuse, semble ignorer les biens qu'elle prodigue aux mortels. Levant ses bras délicats dans l'espace, elle imprime à la ronde des astres un mouvement d'une inexprimable magie.

L'éclairage de cette torchère concourt à son effet artistique d'une manière très harmonieuse.

Tandis que la valse des étoiles s'affirme par l'éclat le plus intense, les ailes de la Nuit, par un habile ménagement de l'effet lumineux, s'éclairent des douces flammes bleues qui précèdent le jet du gaz enflammé.

Ayant ainsi réussi à composer une torchère d'un caractère absolument original et personnel, Gustave Doré a exécuté une pendule.

— Je ne trouve les heures longues que quand le sujet de la pendule m'ennuie, disait un jour un homme de beaucoup d'esprit.

Certes l'heure lui paraîtrait tout à fait brève, s'il pouvait vivre aujourd'hui en présence de la pendule

LA MISÈRE

de Doré, qui vient d'être exposée au cercle de l'union artistique (mars 1879). Imaginez le globe terrestre, autour duquel des Amours sans nombre dansent la ronde effrénée des vainqueurs. Tout serait bien pour les pauvres mortels, si la terre n'avait pas d'autre domination à subir que celle de ces enfants joufflus et charmants. Mais, hélas! les humains et les Amours eux-mêmes ont un terrible ennemi : le Temps. Le Temps s'est installé au sommet du globe qu'il domine souverainement. La faux en main, il fait impitoyablement sa lugubre moisson. Faut-il s'en attrister outre mesure? Les Amours répondent que non. Insouciants de l'avenir, jouissant pleinement de l'heure présente, ils continuent leur ronde avec un entrain que rien n'arrête, et les voilà sautant, cabriolant par-dessus la faux, riant de tout. N'ont-ils pas raison ?

Ces travaux ne sont pas les seuls que Gustave Doré ait entrepris. Il a en ce moment sur la selle à modeler un motif qui pourra devenir une admirable pièce d'orfèvrerie.

Le sujet de cette nouvelle composition est la délivrance d'Andromède.

Appuyée contre un récif, la jeune captive se sent mourir d'épouvante à la vue du dragon demesuré dont les replis s'enroulent tout autour du rocher. Le monstre est épouvantable, en effet, aussi affreux, dans ses formidables écailles, que la vierge est belle dans sa chaste nudité.

Le drame qui résulte de la contemplation de ces deux êtres, face et face, est rendu poignant par la tranquillité du dragon, qui semble savourer sa proie d'avance, et par l'effroi qui se traduit dans l'attitude et dans la physionomie d'Andromède. Quelles prières la malheureuse ne doit-elle pas adresser aux Dieux. Cependant, au-dessus du groupe, un cavalier divin, monté sur un cheval ailé, plane dans les airs. Il porte à son bras gauche le bouclier médusant; son bras droit soutient la lance qui vient aussitôt s'enfoncer dans les flancs du monstre.

Gustave Doré a traduit fort heureusement cette scène connue en séparant absolument le groupe inférieur du groupe supérieur. Persée est encore dans les airs; sa lance seule le relie, lui et son coursier ailé, au second motif. Ainsi comprise, l'exécution est d'une audace surprenante. Le métal seul, or, argent ou bronze, pourra fixer cette composition d'un intérêt poignant.

A quel nouvel objet Gustave Doré s'attaquera-t-il maintenant? Après le Vase, après la torchère, après la pendule, à quel meuble communiquera-t-il un peu de son feu, un peu de son ardeur, un peu de sa vie? Je l'ignore, mais je ne puis douter que le succès ne couronne largement la campagne qu'il a entreprise contre la banalité du mobilier moderne.

XII

QUELQUES ANECDOTES

Avant d'aborder les œuvres les plus récentes de Gustave Doré et de donner les conclusions de cette étude, il ne me paraît pas inutile de faire une halte et de compléter la partie biographique par quelques anecdotes dont l'authenticité ne peut être mise en doute.

Avec les historiettes dans lesquelles Gustave Doré joue un rôle, on pourrait composer un volume de trois cents pages sur le modèle des *ana* qui eurent tant de succès au XVIIe et au XVIIIe siècles. De ces mille récits, que d'autres recueilleront un jour, il se dégagera une figure légendaire et originale, une physionomie d'artiste séduisante par sa jeunesse, par son audace et par son talent. Doré apparaîtra comme le dompteur de l'impossible. L'impossible l'attire en effet. C'est comme un défi auquel il répond toujours avec l'empressement qu'un chevalier met à accepter un cartel. Il court au-devant de l'impossible. L'impossible l'attire en effet. Il l'étreint et il en triomphe. Et je ne parle pas seulement des impossibilités de l'art, j'entends toutes les impossibilités. Descendre du clocher d'une cathédrale, en se soutenant dans le vide aux saillies des sculptures, est une impossibilité. Doré s'est pourtant donné un jour la satisfaction d'accomplir ce voyage fantastique, bravant le vertige, bravant le danger plus grand encore des gargouilles vermoulues, des reliefs de pierre effritée. Je ne cite pas ce fait à sa louange, je le donne comme un trait de caractère qui a sa portée.

Les anecdotes que j'ai choisies pour composer ce chapitre appartiennent plutôt à l'ordre artistique. C'est toujours l'artiste qu'elles mettent en scène.

* * *

Un jour — un jour triste — où Gustave Doré avait eu à subir une déception dans son légitime orgueil, où il avait été attaqué dans son art, blessé dans ses convictions, dans sa foi de peintre :

— D'ailleurs, me dit-il en forme de conclusion, je devais m'y attendre. Il y a longtemps qu'on m'a prédit que la peinture ferait le désespoir de ma vie. J'étais haut comme cela, quand cette prophétie a été faite; elle s'est terriblement réalisée depuis.

Voyant que je l'interrogeais des yeux, Gustave Doré me conta ce souvenir d'enfance à peu près en ces termes :

— C'est l'histoire de ma première boîte de couleurs à l'huile que vous voulez savoir? Voici : J'étais tout petit; mais depuis longtemps déjà je méprisais les couleurs à l'eau, sans poison, dont on m'avait prudemment accablé. J'aspirais à avoir des tubes en fer-blanc, avec des couleurs *pour de vrai*. Enfin, un jour que j'allais partir pour Josserond, un joli petit coin du département de l'Ain, pour y

SUR UN PONT DE LONDRES

G. DORÉ

Cliché Goupil et Cie.

Phot. et Imp. Goupil et Cie.

LE RHIN ALLEMAND

passer une semaine chez un ami de mon père, on m'apporte la fameuse boîte de chêne, à poignée de cuivre, avec ses pinceaux et ses tubes. Une joie folle! Jamais cadeau ne m'a été plus agréable. Je voulais immédiatement déboucher toutes les couleurs et aligner de belles taches sur la palette, mais on m'en empêcha. La voiture était prête. Il fallait y monter. J'emportai ma boîte naturellement, sous mon bras, ou plutôt sur mon cœur, me promettant bien, aussitôt arrivé, de me mettre à l'œuvre. Le voyage était plus long que je ne pensais. Nous n'arrivâmes qu'après la nuit tombée. Défense de toucher aux couleurs. Ordre d'aller se coucher. Extinction des feux.

Impossible de fermer l'œil.

Dès que la première lueur grise de l'aube apparaît, je saute à bas du lit, je prends ma boîte et je descends dans la cour. Mais, hélas! pas de toile, pas de carton, pas de panneau. Toiles et cartons m'avaient été enlevés la veille par précaution. Moi, je mourais d'envie de peindre. C'était un désir irrésis-

tible, une folie. Tout en me demandant sur quoi je pourrais bien faire mes débuts, je commençai toujours par déboucher quelques tubes et par mettre de jolies taches sur ma palette. L'éclat, la fraîcheur, la gaieté de ces couleurs me causaient une griserie charmante. Rien n'est capiteux comme une première palette. Il y avait surtout un vert dont mes yeux ne pouvaient se détacher. Quel beau vert! Le vert Véronèse dans toute sa gloire!

Mais que peindre? sur quoi peindre?

Comme je me posais encore cette question, mes yeux tombèrent sur une pauvre petite poule, assez jolie de forme, mais d'un plumage blanc sale, qui picorait innocemment à deux pas de moi.

Cette poule était d'un ton affreux. C'est une erreur du Créateur, que de faire des poules aussi laides, quand il lui aurait été si facile de leur donner la jolie robe des perruches. Je résolus de réparer cette faute sans plus tarder.

La poule fit bien quelques difficultés. Elle ne comprenait pas, cette bête, que je travaillais pour son bien. Mais j'étais tenace et j'en vins à bout. Bientôt elle fut parfaite. Tout mon vert Véronèse y passa, par exemple. Mais aussi, quelle belle poule! C'était plaisir de la voir aller et venir, avec sa belle robe neuve, luisante et fraîche à défier toutes les verdures printanières.

Je jouis quelque temps de la contemplation de mon œuvre; puis, mon désir satisfait par ce brillant début, je m'aperçus que j'avais vraiment besoin de sommeil et j'allai me recoucher pour réparer ma nuit blanche.

Deux ou trois heures après, je fus réveillé presque en sursaut par un bruit inusité, par des cris, par des gémissements. — Qu'est-ce que c'est? Des paysans, des bonnes femmes se sont attroupés devant la maison. Les uns lèvent les bras au ciel; les unes pleurent; les autres expriment par des gestes désordonnés un désespoir et un effroi profonds. Et, au milieu d'eux, ma poule! C'est elle qu'on se montre du doigt. Quand elle fait mine de s'avancer, on s'écarte avec terreur.

Alors je comprends tout. Je me rappelle une légende du pays, où la poule verte joue un rôle terrible. Quand elle apparaît, tous les fléaux menacent le village. C'est la perte des moissons; c'est la peste dans les étables; c'est l'épidémie dans les maisons. Voilà pourquoi le village s'est ameuté. Sous mes yeux, une femme tombe, prise d'une attaque de nerfs.

Alors je n'hésite pas. Je cours trouver le maître de la maison, et je lui fais des aveux complets. Ce n'est pas ma faute, du reste; c'est ce diable de vert Veronèse qui a tout fait. Pourquoi était-il si beau et pourquoi la poule était-elle si laide?

Il fallut plus d'une heure à l'ami de mon père pour faire comprendre aux paysans superstitieux de Josserond que cette bête verte n'était nullement envoyée par le mauvais ange et qu'elle était tout simplement ma première œuvre peinte. Il n'y parvint qu'en faisant des démonstrations, qu'en montrant le tube vert Veronèse horriblement aplati. Enfin les craintes se dissipèrent peu à peu, et j'osai me montrer, bien qu'on me l'eût défendu.

Une vieille femme, qui était encore sous le coup de l'émotion qu'elle venait d'éprouver, me dit alors d'une voix prophétique :

— Vous avez bien fait pleurer le monde, vous pleurerez bien à votre tour, avec votre peinture!

*
* *

En peignant la poule en vert, Doré avait été mystificateur sans le vouloir, il lui est arrivé d'autres fois de mystifier de parti pris.

Un jour, l'artiste, devenu célèbre, est invité par un colonel anglais de ses amis à une partie de pêche sur les bords de la Dee.

Le colonel est un pêcheur convaincu, capable de rester les jambes dans l'eau pendant douze heures et ne se laissant jamais distraire de son but par aucun événement. Gustave Doré est un pêcheur d'occasion, qui s'amuse pendant la première heure à voir le brouillard se lever sur l'eau et qui éprouve toujours le besoin de se remuer, d'aller et de venir, après cette pause qui a épuisé toute sa patience. Le colonel emporte un arsenal complet d'engins de pêche et Doré emporte son album, à tout hasard.

Les soixante minutes écoulées, Doré se lève, abandonne son compagnon et sa pêche et va s'asseoir dans une prairie voisine. Le décor est admirable : à droite, la rivière; en face, une montagne dont le sommet lointain se perd dans la nue; derrière, une route pittoresque.

Mais ce n'est pas le paysage qui préoccupe l'artiste en ce moment. Il pense à l'illustration de son Shakespeare, illustration merveilleuse à laquelle il travaille depuis déjà dix ans, faisant cent variantes pour une planche, étudiant son sujet sous tous les aspects. Il en est à César, et le thème sur lequel il veut travailler est la fameuse phrase du Victorieux, que l'on cherche à détourner de se rendre au sénat. Aux supplications de sa femme César répond : « Le danger et moi, nous sommes deux lions, nés le même jour, de la même portée. Je suis le plus fort des deux. » Beau sujet, n'est-ce pas? et qui mérite bien qu'on lui sacrifie une partie de pêche.

Donc l'album est ouvert, et Doré commence ses études, cherchant pour la femme les attitudes les plus suppliantes et les plus affectueuses, cherchant pour César la pose la plus fière et la plus calme.

Quand on dessine ou quand on peint, dans la campagne, on choisit de préférence un endroit solitaire où l'on ne soit pas troublé. Mais, si l'on est seul lorsque l'on ouvre l'album ou qu'on étale le carton à ébauche, il est à remarquer que cette solitude ne dure jamais longtemps. Il ne se passe pas un quart d'heure avant que l'artiste soit entouré, harcelé, regardé et tourmenté par une multitude de personnes sorties on ne sait d'où. Ce sont des bergers qui émergent subitement d'un buisson, des

LE MÉDECIN TANT-PIS ET LE MÉDECIN TANT-MIEUX

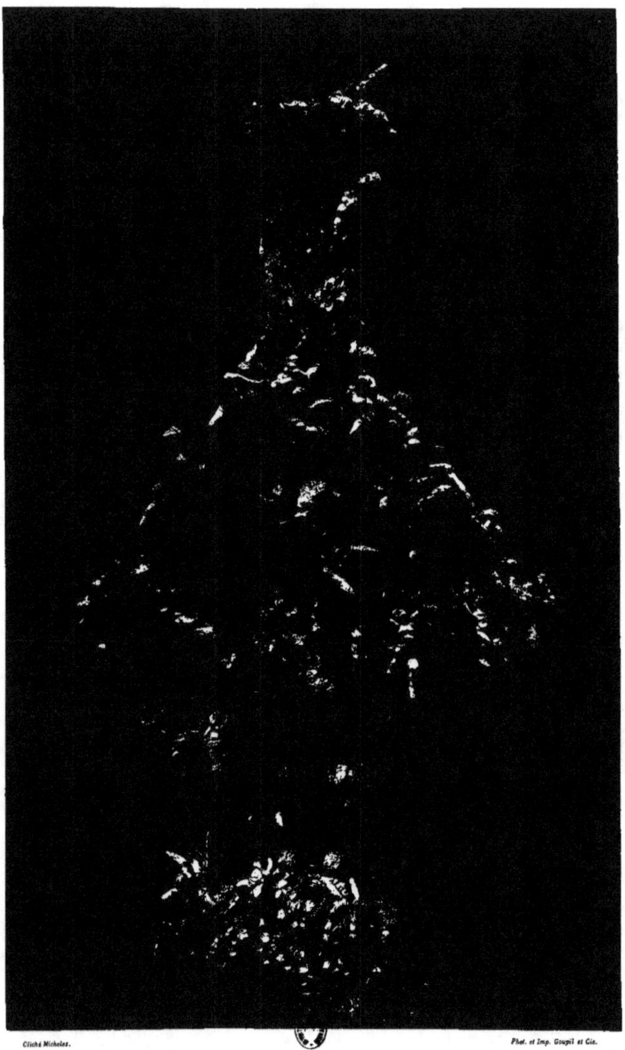

LA VIGNE
(N° 1)

paysans qui arrivent la fourche ou la bêche sur l'épaule. Et les voituriers donc, qui ne sont jamais pressés et qui abandonnent leurs camions et leurs charrettes pour venir voir par-dessus l'épaule ce que *le Monsieur* est en train de faire.

C'est ainsi que les choses se passent en France et en Angleterre.

En fort peu de temps, Gustave Doré eut sur le dos un groupe de curieux : petits pâtres, vachères, rouliers et paysans, importuns de toute sorte et de tout âge.

L'artiste est fort ennuyé de ce concours de monde, qui se pousse le coude, qui chuchote, qui se montre du doigt l'album par-dessus l'épaule du dessinateur, qui se penche sur lui, qui se bouscule, qui

GAZMANS DE LONDRES

se heurte pour conquérir la première place. C'est un grouillement insupportable, c'est un ennui et une fatigue dont il éprouve bientôt le désir de se venger.

Tout en continuant à dessiner son César et sa Calpurnie, Doré se met à regarder fréquemment le sommet de la montagne qui lui fait face. Comme un peintre qui travaille d'après le modèle, ses yeux vont de l'album à la montagne et de la montagne à l'album. Il fixe un instant le pic bleuâtre et il corrige le bras de son héros, comme pour rectifier un geste mal observé d'abord. Bref, il joue si bien la comédie, il mène son petit manége avec tant de naturel, que bientôt les vingt importuns dont il est assiégé l'imitent consciencieusement, et regardent alternativement l'album sur lequel s'esquissent les deux personnages, et la montagne sur laquelle ils se figurent que l'artiste les voit en réalité. Les voilà donc s'exténuant à chercher César sur le sommet d'en face, se congestionnant les yeux, se faisant des visiéres avec les mains pour mieux interroger l'horizon.

— Les vois-tu, toi ? demande un des bergers à l'un de ses camarades.

— Pas encore.

— Ce doit être là-bas, un peu à gauche, dit un troisième. Je crois que j'ai vu remuer quelque chose.

Après un quart d'heure de recherches, les spectateurs, très intrigués, se décident à interroger Doré.

— C'est sur la montagne que vous les voyez?

— Oui, répond l'artiste. Je les vois où ils sont.

— Mais je ne les vois pas, moi?

— Ni moi, dit un autre.

— Ni moi.

— Vous êtes donc tous myopes dans ce pays? dit Doré avec calme.

— Non.

— Eh bien! alors, ouvrez les yeux.

— Et c'est tout en haut!

— Tout en haut! affirme le peintre.

Les paysans se mettent à regarder de nouveau avec acharnement. Ils sondent la montagne, ils l'interrogent du regard, ils la parcourent sans rien découvrir.

Passe un paysan sur la route.

— Eh là-bas! toi, as-tu de bons yeux?

— Mais, oui.

— Viens nous aider.

Tous les passants sont réquisitionnés. Le groupe grossit; mais il n'est naturellement pas plus heureux.

Sur ces entrefaites, le colonel abandonne un moment ses hameçons et vient prendre des nouvelles de son ami. Il le trouve au milieu d'une tribu improvisée.

— Qu'est-ce qui se passe donc?

En deux mots de conversation en français, Doré le met au-courant de la situation. Le colonel s'en amuse et se fait le compère de la mystification commencée. Il donne des conseils à l'artiste en anglais, en regardant, lui aussi, la montagne, comme s'il y voyait César et Calpurnie.

— Il me semble, dit-il, qu'il se tient plus droit. Tenez, il se redresse. Est-il assez fier! Regardez donc l'expression de sa figure.

Bien entendu, ces conseils sont donnés en anglais, afin que tous les assistants puissent les comprendre.

Ceux-ci n'en perdent pas un mot; leur curiosité n'en devient que plus vive. Soixante paires d'yeux fouillent avidement les profondeurs de l'horizon.

La scène aurait pu durer longtemps; mais Doré en avait assez.

— Allons, bon! dit-il tout à coup, les voilà qui descendent de l'autre côté.

Et il ferme son album où le César romain est d'ailleurs suffisamment esquissé.

La foule se disperse intriguée, stupéfaite, émerveillée. Le soir, à l'auberge où Doré va dîner avec le colonel, il se retrouve avec quelques badauds du matin. Il est le point de mire de tous les regards, et par les bribes de conversation qui lui arrivent il comprend qu'on commence à le considérer comme un être surnaturel, doué d'une double vue, peut-être même un peu sorcier. César et Calpurnie, dont les paysans n'ont pu deviner les noms et l'histoire, mais dont ils ont vu l'image sur l'album, ont déjà pris d'autre part des proportions légendaires. D'après leurs costumes, certains supposent que ce pourrait bien être quelques vieux dieux de la mythologie scandinave, dont le souvenir n'est pas absolument éteint sur les bords de la Dee.

Gustave Doré, cette fois, n'essaya pas de détromper ces braves gens.

Aussi, le lendemain, quand il quitta l'auberge, il vit toute la population du village accourue pour voir le monsieur qui avait une si bonne vue qu'il pouvait voir même les Dieux!

BILLINGS-GATE MARKET

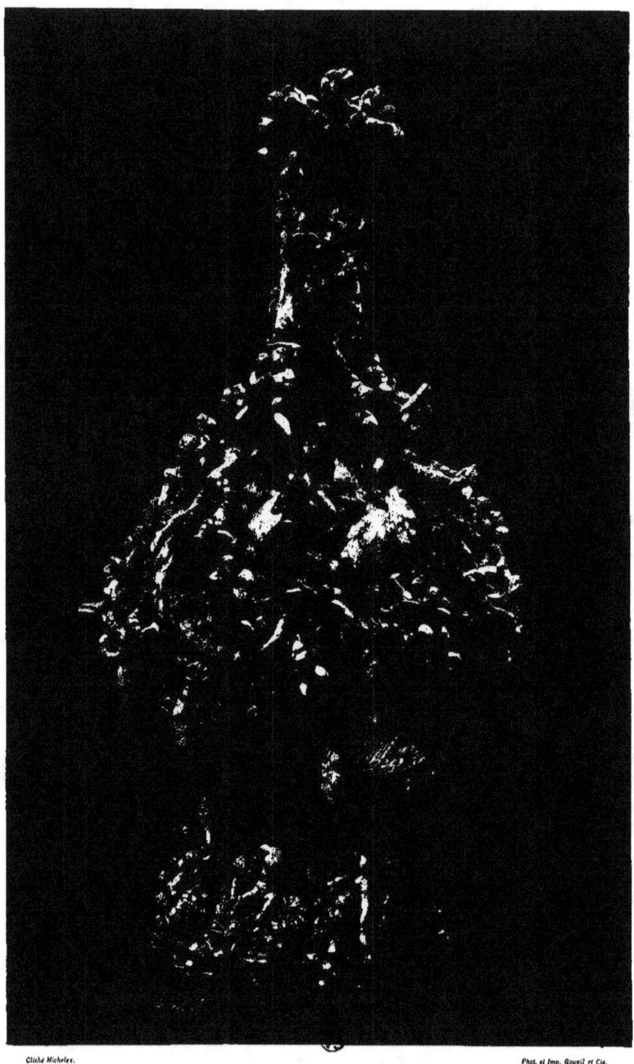

LA VIGNE
(N° 2)

Voici maintenant une histoire d'un tout autre genre et qui s'est passée dans un tout autre pays.

Gustave Doré visitait le Tyrol :

Inutile d'ajouter qu'il avait emporté son album et qu'il l'enrichissait de nombreux croquis chemin faisant, prenant les types humains les plus caractéristiques, dessinant les sites les plus pittoresques, recueillant au passage les scènes intéressantes qui s'offraient à lui. Dans le Tyrol, comme en Écosse et comme partout, l'artiste avait du reste son cercle de badauds, d'importuns et de curieux; mais il avait pris le parti de ne plus s'en préoccuper.

Furne, Jouvet et C⁰.

TIRÉ DU BARON DE MUNKAUSEN

Or, un jour, à Ischel, le hasard le mit en présence d'une famille de Tyroliens en costume de deuil qui voulut bien poser un moment devant lui. C'était dans le village. Gustave Doré fit son croquis au milieu d'une véritable foule, Peut-être la galerie produisit-elle sur lui son effet ordinaire et lui servit-elle de stimulant! Quoi qu'il en soit, le dessinateur composa d'après nature un dessin excellent et dont il fut très satisfait.

Ce travail achevé, Doré met son album dans la poche de son pardessus et s'en va déjeuner à l'auberge. A la fin du repas, tout en allumant un cigare, le désir de revoir son dessin lui vient, il se lève et va chercher son album dans le vêtement accroché non loin de lui. Quelle est sa surprise en découvrant que la page a été arrachée et que le croquis des Tyroliens en deuil a disparu. Il entre dans une violente colère. Il bouscule l'aubergiste et les garçons. Il se plaint, mais que faire? Tout cela ne lui rend pas ce qui lui a été volé.

Vous pensez si l'artiste était mécontent en quittant Ischel. En arrivant à Salzbourg, il n'avait pas encore écoléré.

Une heure après son arrivée dans cette ville, un homme se présente dans l'hôtel où il est descendu et dépose un paquet à l'adresse de M. Gustave Doré, artiste peintre.

Très étonné de recevoir un colis à Salzbourg, où il n'attend pas même une lettre, Doré ouvre le paquet et y trouve un jonc merveilleux, dont la poignée était formée d'une masse d'or énorme enchâssant un saphir pâle.

Il appelle l'hôtelier.

— Qu'est-ce que c'est que cela?

— Je ne sais pas.

— D'où cela vient-il?

— Je l'ignore.

— L'homme qui a apporté ce paquet n'a pas dit de quelle part il venait?

— Il n'a rien dit du tout.

— Cela ne peut pas être pour moi.

— C'est pour M. Gustave Doré. Si vous êtes M. Gustave Doré, c'est pourtant bien pour vous. L'adresse est parfaitement explicite.

Voilà Doré très intrigué, comme on pense. L'objet qu'il vient de recevoir a une valeur considérable. Il se demande qui peut bien le lui avoir envoyé; mais, il a beau chercher, il ne parvient pas à découvrir le moindre indice.

Heureusement, une heure après, une lettre arrive, à son adresse encore.

Doré la décachette et y lit ceci :

MONSIEUR,

Vous avez été volé à Ischel et vous n'avez pas dissimulé le dépit que vous causait la disparition d'une page de votre album. On ne se voit pas enlever de gaieté de cœur un aussi remarquable dessin. Je comprends d'autant mieux votre mécontentement, que j'apprécie ce croquis au moins autant que vous. Jugez-en : c'est moi qui suis votre voleur.

Je suis votre voleur et, circonstance aggravante, je ne veux pas vous restituer ce que je vous ai pris avec tant de peine et en m'exposant beaucoup.

Cependant, comme je ne tiens pas absolument à être classé dans la catégorie des coquins, je vous prie d'accepter ce petit souvenir, à titre d'indemnité. C'est la seule concession que je puisse vous faire.

Votre dessin ne sera vu de personne que de moi, ce sera ma joie d'artiste et de recéleur que de le regarder, à l'exclusion de tous.

L'admiration que je professe pour votre merveilleux talent m'ayant entraîné jusqu'au crime, vous ne vous étonnerez pas, Monsieur, que je ne signe pas ces sept lignes qui me pourraient faire pendre.

L'auteur de cette lettre, que Doré aurait eu le plus grand désir de remercier. ne s'est jamais fait connaître.

* * *

En Espagne, l'artiste eut de nombreuses et d'intéressantes aventures. L'une de celles qu'il se rappelle volontiers eut pour théâtre le Monte-Sacro, qui s'élève derrière le Generalife, à Grenade. C'est là que se trouve le quartier général des gitanos. Attiré par le pittoresque des types et du site, Doré s'en va un matin au Monte-Sacro pour y prendre quelques croquis. Il commence par dessiner une belle fille, admirable créature, aux cheveux tordus, aux yeux noirs, au teint d'orange. Quand il a fini ce portrait, son modèle le supplie de faire celui de son enfant, qui jouait dans les jambes du peintre. Doré y consent. Après l'enfant, arrive une autre gitane, aussi belle que la première; puis des hommes, des filles, des enfants. Toute la tribu veut avoir son coup de crayon. L'artiste proteste. Il a faim. N'est-ce que cela?

HYDE PARK

G. DORÉ

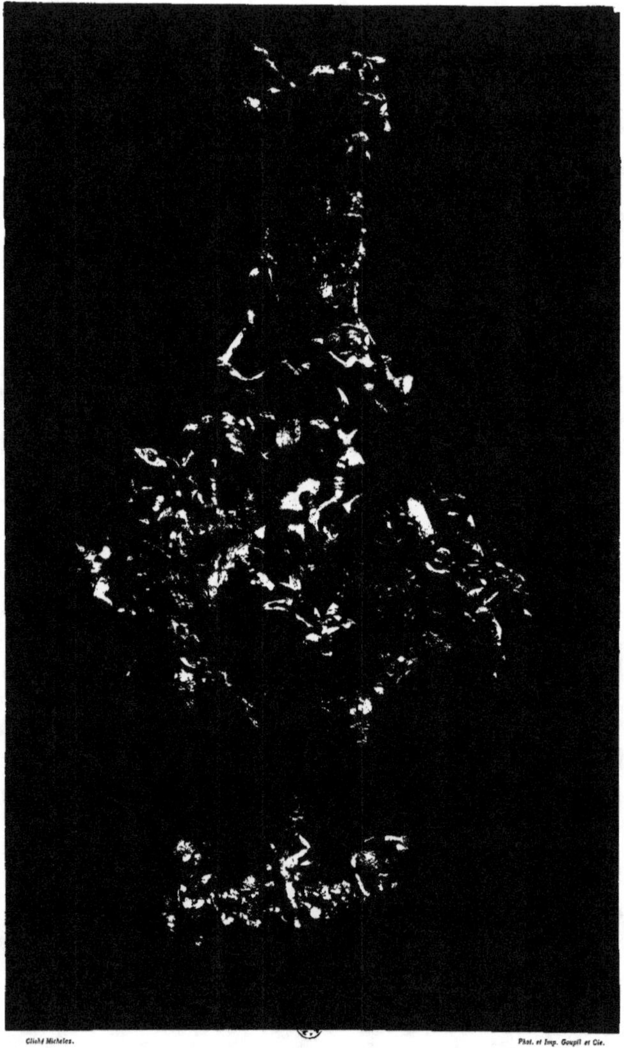

LA VIGNE
(Nº 3)

On lui apporte des vivres. On le fait manger, et la séance recommence. A la fin, Doré a les jambes engourdies. Il veut se lever et sortir. On ne le lui permet pas. Les hommes gardent les issues et les femmes le supplient de ne pas s'éloigner.

Ce ne fut qu'à neuf heures du soir qu'on consentit à lui rendre sa liberté, non sans l'avoir chaudement acclamé.

Gustave Doré a rapporté d'Espagne une impression artistique assez singulière. C'est pendant son voyage dans ce pays, dit-il, que je me suis rendu compte le plus nettement de l'infériorité du dessin sur la peinture.

La fantaisie lui vint un jour, à lui et à ses compagnons de voyage, de donner à dîner à tout le

quadrille des toréadors. Je passe sur les détails de ce repas pittoresque pour arriver plus vite au point important: au dessert. Donc, les amis de Doré lui conseillèrent de crayonner les figures des invités et de leur offrir leurs portraits en souvenir du banquet. Gustave Doré fait un premier portrait au crayon, très exact, très artistique, de l'un des toréadors et le lui donne. Il n'obtient en échange qu'un remercîment très froid. En faisant le portrait d'un autre membre du quadrille, l'artiste y jette une légère teinte d'aquarelle. Le remercîment du second toréador est déjà plus chaud, et le premier en comparant son crayon à l'aquarelle de son camarade témoigne une certaine jalousie. Pour le troisième, Doré s'amuse à faire un toréador vermillon et bleu de Prusse, un toréador d'Épinal. Cette fois le modèle s'épanouit. Il ne se borne pas à un remercîment, celui-là, il multiplie les protestations d'affection, de dévouement, d'admiration. Il est dans l'enthousiasme le plus complet.

— Ah! pourquoi ne m'avez-vous pas fait comme cela, dit le toréador au crayon en soupirant.

Et tous ceux qui n'avaient pas encore posé demandèrent à avoir aussi du rouge et du bleu dans leur portrait.

De ce fait Gustave Doré a conclu que le dessin, que le noir sur blanc, n'allait pas jusqu'au plus profond du public, tandis que la couleur, agréable aux raffinés, est également comprise par les primitifs. Donc le dessin est très inférieur à la peinture.

XIII

1878-1879

Il me paraît intéressant de rappeler les travaux accomplis par Gustave Doré pendant les deux dernières années, de dire à quel labeur acharné l'artiste s'est astreint, de montrer les formidables efforts qu'il a faits, dans la maturité de son talent, pour se surpasser lui-même.

Gustave Doré a tenu à figurer, dans le grand concours international de 1878, avec des œuvres importantes et dignes de la renommée artistique de l'École française moderne, où il a sa place à part. Obéissant à cette noble et légitime ambition, il a exécuté quatre morceaux d'une indiscutable beauté. Je les ai déjà décrits plus haut. Il me suffira donc de les citer ici ; ce sont : le vase allégorique de la Vigne, le groupe de la Gloire, la torchère figurant la Nuit, et enfin l'*Ecce Homo*.

J'insiste sur ce fait que ces quatre belles et grandes œuvres ont été exécutées en 1877 et en 1878 ; parce que, si je condamne la production hâtive et facile qui ne donne que des résultats insuffisants, je n'admire rien tant que la production puissante et géniale, qui fait d'admirables créations en triomphant des heures brèves par un travail acharné et soutenu.

L'*Ecce Homo* a eu les honneurs du salon carré, au Salon.

Le groupe de *la Gloire* a été placé au centre du jardin, au milieu du massif principal.

La *Torchère* monumentale a figuré dans le vestibule d'honneur du palais du Champ-de-Mars.

Quant au *Vase*, représentant le triomphe de la Vigne, ce chef-d'œuvre unique avait été écarté de la section de sculpture par je ne sais quelles mesquines combinaisons. Heureusement l'exclusion dont Doré a été frappé n'a fait aucun tort à son œuvre. Œuvre à part, elle a trouvé une place à part, loin des médiocres morceaux des bons élèves de l'École. Exposé dans une des principales galeries latérales, le Vase de Doré est bientôt devenu le centre d'un grand concours de curieux et d'admirateurs.

Pour composer et pour exécuter ces quatre œuvres magistrales, l'artiste s'est dépensé avec une ardeur sans égale.

Il a usé et abusé de ses forces physiques et morales, passant les jours et les nuits devant la toile, devant la glaise, devant le papier.

Car, en même temps qu'il accomplissait ce labeur surhumain, il menait de front l'achèvement de son illustration de *Roland furieux*.

La publication de ce livre a été le couronnement de l'année 1878, de l'année féconde. Pour la première fois, dans cet ouvrage, grâce à l'emploi d'un procédé scientifique de reproduction, l'artiste n'a pas eu à subir les chances d'une bonne ou d'une mauvaise traduction par la gravure. Sauf certains grands bois, qu'il a fallu confier aux plus habiles interprètes, les dessins qui foisonnent dans le texte, qui éclairent les strophes du poète et qui les complètent, comme un commentaire vivant, sont des *fac-similia* des dessins du maître.

Rude et glorieuse année pour Gustave Doré !

Glorieuse ?

Par ce mot je n'entends pas parler de la gloire officielle qui se distribue si bizarrement, tantôt à l'ancienneté, tantôt à la médiocrité bien sage, quelquefois même au vrai mérite. J'entends la grande gloire, qui ne se frappe pas en médailles, mais que le public, souverain juge en matière d'art, accorde avec son admiration.

Cette gloire-là, Gustave Doré l'a obtenue largement.

La foule, que le parti pris n'aveugle pas, s'est portée devant ses œuvres, devant le *Vase* de la Vigne, devant l'*Ecce Homo*, devant la *Gloire*, devant la *Torchère*, et aussi devant le tableau des *Martyrs* et le tableau du *Néophyte*.

GODEFROY S'ÉLANÇANT DANS JÉRUSALEM

LA VIGNE
(N° 4)

J'insiste et sur la quantité et sur la qualité de ces productions variées. Peinture, sculpture, dessins, l'artiste s'est livré tout entier en 1878. Il a affirmé sa force de toutes les manières et montré la plénitude de son talent.

L'a-t-on récompensé comme on le devait?

Non.

Gustave Doré méritait, rien que pour son Vase, une de ces médailles d'honneur dont on a fait si bon marché quelquefois. Mais, ainsi que je l'ai dit, le Vase ne figurait pas sur le catalogue de la section des Beaux-Arts. Le prétexte était trop commode pour le jury, qui s'en est servi pour faire un déni de justice. Au lieu d'aller chercher et couronner l'œuvre maladroitement ou trop adroitement écartée, on s'est tenu à la lettre plus qu'à l'esprit du règlement, et Gustave Doré n'a rien obtenu.

Si seulement il avait été Suisse, Belge ou Italien, que de récompenses ne lui aurait-on pas prodiguées! Mais Gustave Doré est Français, très Français, et l'on a tenu ce grand artiste à l'écart. La distribution des récompenses s'est faite sans qu'il y fût appelé.

Heureusement, il s'est trouvé un ministre intelligent que cette exclusion systématique a révolté, et qui a protesté comme il le devait faire. M. Bardoux, qui tenait le portefeuille des Beaux-Arts alors, a présenté de sa propre autorité au président de la République, en janvier 1879, c'est-à-dire au lendemain de l'Exposition, un décret qui a conféré à Gustave Doré la rosette d'officier de la Légion d'honneur.

* * *

L'Exposition universelle de 1878 n'était pas terminée, que le vaillant artiste se remettait à l'œuvre avec plus d'énergie que jamais pour préparer les œuvres qu'il comptait envoyer au Salon de 1879.

Ces œuvres, le public a pu les voir au Salon des Champs-Élysées.

Elles sont au nombre de deux : un tableau et un groupe sculpté.

Le groupe, en plâtre, représente avec une force de concentration surprenante, une sobriété de composition remarquable, l'un des drames les plus émouvants qui se puissent imaginer.

L'héroïne de ce drame est une petite négresse, une Nubienne au torse nu, aux hanches drapées dans un pagne. Son visage accuse le type de sa race : les yeux francs, le nez naïvement épaté, les lèvres épaisses et sensuelles. Elle est jeune, très jeune. Sa gorge a conservé son galbe pur, malgré les fatigues d'une première maternité. La petite Nubienne a un enfant, un de ces chérubins qu'on adore sous toutes les latitudes. Elle s'est écartée du village en berçant le *baby* dans ses bras, en lui souriant, en lui chantant quelque vieille chanson de la tribu.

Toute au cher petit, la mère n'a pas songé à veiller sur elle, à regarder à ses pieds si quelque danger ne surgissait pas, et voilà que, tout à coup, elle est arrachée à sa contemplation par une douloureuse sensation. Un serpent s'est dressé dans l'herbe, il s'est enroulé autour de la jambe de la Nubienne. Elle sent le froid contact du reptile sur sa chair; elle voit la menace mortelle de ses crocs envenimés.

Fuir n'est pas possible, crier ne servirait à rien. Devant ce danger inévitable la pauvre petite Nubienne n'a qu'une pensée : sauver son fils. Elle ne sait pas encore où le serpent frappera; mais elle ne craint rien pour elle; elle n'a peur que pour l'innocent qui sourit encore au refrain de la chanson de tout à l'heure. Aussi haut qu'elle peut, au-dessus de sa tête, elle élève son enfant à bout de bras et elle s'offre tout entière au serpent.

Il était difficile de trouver un symbole plus éloquent de l'amour et du dévouement de la mère pour son enfant.

* * *

Le tableau exposé cette année par Gustave Doré a pour titre la *Mort d'Orphée*. C'est une toile du grand format décoratif auquel l'artiste nous a habitués.

L'histoire de ce tableau et des transformations sans nombre qu'il a subies avant d'arriver au Salon de 1879 mérite d'être rapportée. Aussi bien montrera-t-elle dans sa probité, dans sa conscience, le talent de Gustave Doré, son honnêteté artistique et ses perpétuelles préoccupations de la vérité.

Avant de commencer à peindre, l'artiste modela une maquette en terre sur son sujet.

— Cela, disait-il, me servira de guide pour ma composition, pour la place de mes ombres. J'aurai toujours sous les yeux ce rappel de l'idée première.

Quand la maquette fut terminée, Doré aborda alors la grande toile.

Influencé malgré lui par ce qui lui avait été fait à l'Exposition universelle de 1878, il voulait d'abord faire de son tableau une œuvre dans le sentiment et dans le goût du convenu académique. Ce serait une griserie de tons clairs, une féerie de chairs nacrées et fraîches, une apothéose où le nu triomphant s'étalerait dans toute sa gloire.

Ce premier tableau, que personne ne connaîtra jamais, je l'ai vu et je ne saurais oublier la grâce franche, la composition lumineuse, la beauté, la pureté des corps de femme accumulés sur la toile. Le groupe principal, qui domine encore la composition, était formé de nymphes adorables, accusant sur leurs visages faits pour les doux sourires une terreur dont l'expression académique eût mérité tous les éloges de M. Cabanel.

Plus le tableau avançait, plus Gustave Doré devenait sombre, inquiet, nerveux. Un jour enfin, — j'étais présent, — sa colère longtemps contenue éclata.

— Non, s'écria-t-il, jamais je n'enverrai cela au Salon. La concession que je fais serait une lâcheté. Ces femmes qui sont belles, n'est-ce pas? qui plairaient, je l'espère, qui valent tous les morceaux de femme de l'École, ces femmes-là n'auraient jamais tué Orphée. Ce tableau ment. Il me fait horreur. Le drame de la mort du Poète ne tolère pas l'emploi de tons clairs. Ce n'est pas de moi, cette œuvre-là. Voilà comment je comprends le sujet, tenez.

Il prit un fusain et sur une toile blanche, en quelques touches vigoureuses, il mit en scène une mort d'Orphée, dans le vrai sentiment dramatique du sujet, avec le grand parti pris d'ombre et de lumière, avec des Ménades furieuses, avec des corps de femmes fanées, à la place des jolies nymphes si longuement caressées par son pinceau.

— Voilà, dit-il, ce que je commencerai demain.

Le lendemain, en effet, il se mit à l'œuvre. Son tableau, dans ce second travail, perdit entièrement

Les Croisades.

Furne, Jouvet et Cie.

BLONDEL RECONNAIT LA VOIX DE RICHARD PRISONNIER

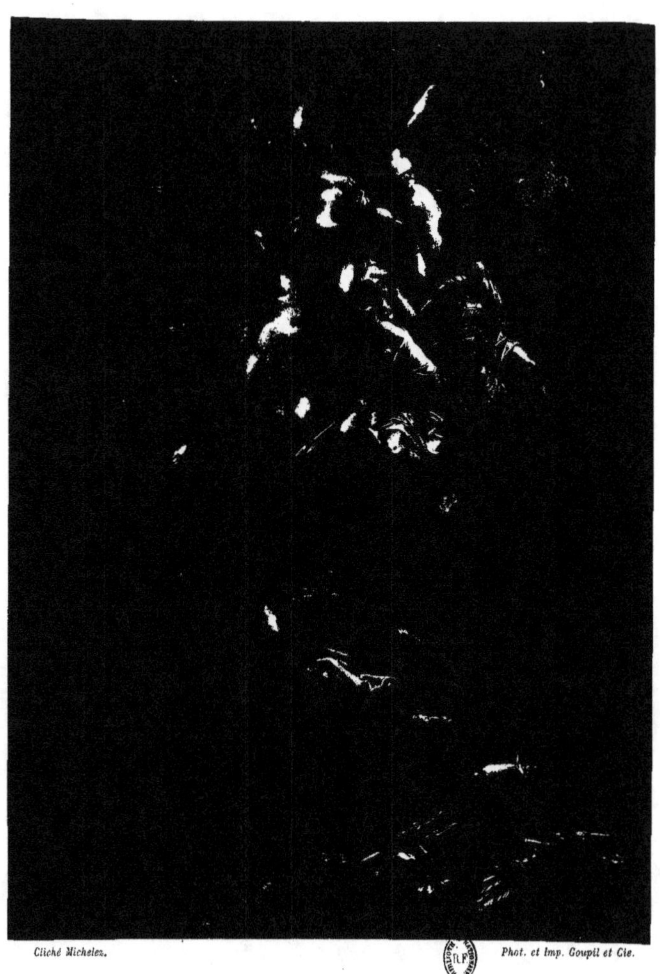

LA MORT D'ORPHÉE
FRAGMENT DU TABLEAU EXPOSÉ AU SALON DE 1879

son premier caractère. Au ton jeune et charmant des chairs succédèrent des tons plus vigoureux et plus en rapport avec le caractère du sujet. Aux gestes d'effroi gracieux il substitua des gestes de véritable horreur. La coquetterie disparut de la composition et le drame y entra avec sa puissance. La vallée grecque, ombragée et fraîche, la vallée primitivement composée comme un encadrement d'idylle, devint la vallée sombre et froide, le coin de bois effrayant où des folles massacrent le Poëte aux strophes d'or.

Ce que Gustave Doré a fait pour l'ensemble de son tableau, ce cruel et pénible recommencement, il l'a appliqué également aux détails, n'hésitant jamais à détruire ce qui était exécuté, si la correction

Roland furieux.   Hachette et Cⁱᵉ.

entrevue devait augmenter l'intensité du drame et donner plus d'accent à la grandiose et terrible scène qu'il interprétait.

L'œuvre, telle qu'elle a été montrée au public, est le résultat de ces efforts, de ces recherches, de ces sacrifices. C'est une œuvre de bonne foi et de haut style. Moins chatoyante, moins sautillante, moins charmante que la première, elle a pour elle le mérite de la vérité, de l'harmonie, de l'expression et de la conscience. C'est un tableau sincère qui fait grand honneur au talent et au courage de son auteur.

XIV

CONSIDÉRATIONS GÉNÉRALES

Je n'ai fait jusqu'ici qu'indiquer sommairement les travaux de Gustave Doré dans leur ordre chronologique. Il me reste à en dégager l'esprit, à apprécier la forme particulière de son art.

« Il y a du Shakespeare dans Doré, » écrivait récemment un critique de goût et de talent, M. Fourcaud.

Le mot est juste.

Dans les puissantes oppositions d'ombres et de lumières, dans la fantaisie saisissante des dessins, dans l'humour des croquis, dans la recherche du grand drame, dans le jeu des sentiments humains que Doré met en scène, on retrouve, avec la même intensité d'effets, la manière du poète anglais, opposant Caliban à Miranda, le monstre velu à la vierge sereine, créant de toutes pièces la féerie du Songe d'une nuit d'été, faisant agir et parler Macbeth, le roi Lear, Hamlet. Aussi apprendra-t-on avec plaisir que Doré prépare en ce moment une édition de Shakespeare. La rencontre de ces deux esprits ne peut que produire un chef-d'œuvre.

Gustave Doré possède à un haut degré le sentiment de la couleur. Ses dessins doivent leurs reliefs à des procédés de peintre, à des touches hardies de noir et blanc. Mais, quelle que soit la pureté et la solidité de sa forme, il y a toujours dans le moindre de ses croquis une chose plus belle encore, plus saisissante : l'idée, qui est l'âme de l'art.

Je sais bien qu'il existe aujourd'hui une école qui nie l'idée et qui ne voit dans la peinture qu'un ensemble de taches harmoniques. Dieu merci, Doré ne sera jamais de cette école désolante. Il estime trop l'art, il sait trop bien distinguer le vrai et le beau. Il pense qu'un artiste est un poète, que la peinture est une langue. Et il parle cette langue dans le meilleur style, ne se contentant pas d'un arrangement sonore et vain de syllabes ou de tons, mais voulant que sa voix soit entendue et comprise et qu'elle fasse partager ses impressions à tous.

Que de fois je lui ai entendu soutenir cette thèse : qu'il n'y a pas d'art sans poésie. Que de fois m'a-t-il répété qu'entre un peintre et un poète il n'y avait d'autre différence que celle du procédé. Le ciseleur en strophes traduit ses pensées avec la plume et l'encre; le peintre ne fait pas autre chose avec l'huile et le pinceau, le sculpteur avec la glaise et l'ébauchoir.

Les poèmes de Doré — on peut donner ce nom à ses œuvres — attestent la fécondité de son esprit. Humoriste dans son illustration de *Rabelais*, romantique dans ses dessins d'*Atala*, réaliste dans son volume sur *Londres*, fantaisiste dans son *Juif-Errant*, et dans sa *Chanson du vieux marin*, de Coleridge, naïf et fin avec La Fontaine, puissant et austère dans ses gravures de *l'Histoire des croisades*, sombre avec le Dante, ironique avec Cervantes, il nous a donné une admirable traduction au crayon de tous les chefs-d'œuvre, prouvant ainsi la souplesse et l'étendue de son talent.

Son génie artistique a chanté à l'unisson des plus grands génies littéraires. Aussi haut que l'esprit humain s'est jamais élevé, aussi haut son art l'a suivi. Faut-il rappeler, après ces œuvres dont nous venons de donner la liste éclatante, son illustration du livre des livres, son commentaire au crayon de la Bible. Après avoir suivi les poètes profanes dans leurs rêves d'amour, de guerre, de passion, il s'est fait le grandiose commentateur des saintes Écritures.

Si l'on songe que Doré a commencé à exposer des tableaux au Salon en 1853, on trouvera que le nombre de ses toiles n'est pas en rapport avec la réputation de facilité qu'on se plaît à lui accorder. L'artiste laisse longtemps mûrir dans l'atelier ses œuvres peintes. Il les reprend sans cesse, pour les pousser davantage, pour les corriger. C'est un recommencement patient. Je ne sais pas d'œuvre de lui dont il n'ait fait vingt états avant de s'arrêter à la forme définitive. Encore regrette-t-il quelquefois d'avoir montré des toiles trop jeunes.

Sa couleur solide est en effet de celles que le temps embellit. Tandis que d'autres recherchent l'éclat

LE PALADIN S'ENTRETENAIT A TABLE AVEC SON HÔTE PLEIN D'AMABILITÉ

(Chant XLII, stance 97.)

passager, le brillant superficiel, qui séduit un moment, mais qui disparaît bien vite, il s'applique, lui, à faire des œuvres durables. Ses couleurs, choisies avec soin, sont de celles qui ne s'étiolent pas. Dix années passées sur un de ses tableaux ne font que lui donner plus de vitalité.

On a pu le constater à l'Exposition universelle. Le tableau des *Martyrs dans l'arène* m'a paru encore plus beau qu'il y a quelques années. Le *Néophyte* a acquis une tonalité admirable, un fondu surprenant.

J'ai entendu souvent exprimer par des artistes l'opinion, enveloppée de beaucoup d'atténuations, que Gustave Doré, avec un incontestable talent, un génie de composition extraordinaire, avait tort de ne pas *faire* ses tableaux davantage. En argot d'atelier, le mot *faire* signifie : pousser l'exécution aussi loin que possible.

Roland furieux.

Hachette et Cⁱᵉ.

Je demande à répondre à cette critique.

Gustave Doré a montré des tableaux de lui qui sont *très faits*. Les *Martyrs* sont *très faits*, le *Néophyte* est *très fait*. J'ai vu encore de lui, à la vitrine de Goupil, des paysages dont deux entre autres, *un Soleil couchant* et *un Soleil couché*, étaient *extrêmement faits*. Dans tous les cas que je viens de citer, il s'agit de tableaux de chevalet qui comportent une exécution très soignée, finie même, sans être cependant trop léchée.

Mais quand il s'agit d'une grande toile, d'une peinture qui par ses proportions devient un décor mural, une fresque sur toile, ne serait-ce pas une faute que d'apporter dans les vastes développements de ce tableau une exécution de miniaturiste?

Comment Delacroix a-t-il peint son Sardanapale?

Comment le baron Gros a-t-il peint la bataille d'Eylau?

Il faut à ces œuvres gigantesques une exécution large et non une exécution microscopique. Une facture léchée tuerait l'œuvre. Il en est des exemples que je pourrais citer.

Doré est dans la vérité quand il exécute largement ses grandes pages. Avec sa facture puissante, très enlevée, très en relief, il obtient des effets proportionnés à la dimension de sa toile. Il arrive à l'harmonie et à la puissance.

Je ne citerai pas de nouveau tous les tableaux de Gustave Doré. Mais songeant à ses grandes compositions, à *la Sortie du Prétoire*, au *Triomphe du christianisme*, à la *Promenade de la sainte croix*, à la *Vision de Calpurnie*, à *l'Entrée de Jésus dans Jérusalem*, à la *Descente du Dante aux enfers*, je m'étonne qu'on n'ait pas utilisé davantage ce grand talent.

Quel artiste semble cependant être mieux désigné que lui pour être le grand décorateur de ce siècle?

Quel autre pourrait, au profit de l'art contemporain et de notre gloire, couvrir les murs d'une basilique ou d'un palais?

Qui composerait avec autant de grandeur, qui grouperait plus heureusement des personnages, qui serait plus apte à ce gigantesque travail de fresque qui manque à notre époque?

Doré, qui est, avant tout, un décorateur, est appelé à peindre, sur les parois d'une nouvelle Sixtine, un nouveau Jugement dernier.

Se trouvera-t-il un Léon X ou un Laurent le Magnifique pour le lui demander?

Je l'espère.

* *

A la fin de leurs thèses, les licenciés et les docteurs sont tenus de numéroter un certain nombre de points qui portent, suivant la tradition universitaire, le titre latin de *positiones*. C'est en ces *positiones* que l'on trouve le résumé des doctrines énoncées dans le cours de l'ouvrage, les affirmations de droit que le candidat se propose de soutenir.

Ainsi vais-je faire; car, si imparfaite que soit cette étude, elle doit avoir des conclusions.

Mes conclusions sont celles-ci :

Gustave Doré est le génie artistique le plus puissant de notre école française contemporaine.

La France, qui doit être fière de posséder cet artiste, n'utilise pas son talent comme elle le devrait.

Par ses aptitudes spéciales, par la puissance de son imagination, par la largeur même de son exécution, Gustave Doré est désigné pour être le grand décorateur de ce siècle.

Puisque les travaux du Panthéon sont distribués, je demande que l'on donne à Gustave Doré le premier monument public qui devra être décoré. Je demande qu'on lui confie exclusivement cette décoration.

Je demande que notre musée des contemporains et que nos musées de province s'enrichissent de quelques œuvres peintes et sculptées de cet artiste. Je demande que l'on n'attende pas que Gustave Doré soit mort pour découvrir son génie. S'il faut racheter alors ses tableaux à leurs possesseurs anglais, le budget des Beaux-Arts de toute une année ne suffira pas à payer une seule de ses toiles.

Je demande, en un mot, qu'on soit juste en France pour un artiste que toute l'Europe admire.

Que de choses j'aurais encore à dire; car le talent dont je parle a comme une fécondité communicative; mais il faut savoir se borner. Pour résumer mon opinion sur Gustave Doré, j'ajouterai donc que je l'aime parce qu'il est la protestation vivante contre le déplorable esprit de classement imposé à l'art moderne.

Cet esprit tyrannique est si puissant, que l'artiste, ayant la variété en lui, capitule le plus souvent par défaut de caractère.

Doré ne capitulera pas.

Il continue à être varié et fécond dans un temps où la variété s'appelle : indécision, et la stérilité : conviction.

Juillet 1878.   RENÉ DELORME.

TOUTES LES FEMMES DONT ILS REMARQUAIENT LE JOLI VISAGE ACCUEILLAIENT FAVORABLEMENT LEURS PRIÈRES

(Chant XXVIII, stance 48)

TABLE DES MATIÈRES

TEXTE

GRAVURES

PHOTOGRAPHIES